리뉴얼, 병원브랜딩 마케팅 실무

Renewal
Hospital Branding
Marketing Business

리뉴얼

22년 이상 병원의 브랜딩 전략과 마케팅 콘텐츠 개발을 해온 전문가의 진정한 코칭과 다양한 병원 사례들을 만날 수 있는 유일한 레퍼런스!

병원 브랜딩
마케팅 실무

정혜연 지음

병의원 경영자, 의료진과 스태프, 병원마케팅 담당자, 병원마케팅 대행사,
병원은 아니지만 대면 서비스 상품을 운영하는 중소기업 실무자,
병원마케터로 성장하고 싶은 학생, 취준생, 전업 준비자에게도

이론부터 실무까지 체계적으로 코칭하고 영감을 주는 책

리즈앤북
ries & book

일러두기

이 책에서 의원, 병원, 치과, 한의원의 구별이 필요하지 않을 때는 '병원'으로 통칭하였습니다.
제가 제작에 참여한 사례는 가급적 사진 캡션에 회사명을 적시해 다른 병원 사례와 혼동을 주지 않도록 했습니다.
이 책에 게재된 병원 사례 자료들은 투비원에서 촬영한 것이거나 스크랩 한 것, 또는 투비원에서 제작한 것입니다.
이해를 돕기 위한 것으로 특정 병원이나 인물과 무관하기에 병원의 이름과 정보, 인물 얼굴은 가급적 부분 가림 처리를 했습니다.

책에 담은 마음

2000년부터 병원을 공부하고 현장에서 경험하면서 병원브랜딩의 필요성을 실감해왔습니다. 그런 마음을 담아 2011년『다시! 알아야 할 병원마케팅』, 2016년『병원브랜딩 마케팅 실무』를 출판했고, 의료진이나 병원 실무자들 대상 강연을 통해 그에 대해 역설해왔습니다. 그리고 지금까지 네이버 블로그와 카페를 통해서도 병원브랜딩에 대해 현장의 이야기들을 전하고 있습니다.

그 결과 많은 의료진과 병원마케팅 실무자들이 병원의 브랜딩에 대해 관심을 가져주고 있습니다. 반갑고 고마운 일입니다.

그러나 국내 의료시장 상황에서 보면 병원브랜딩은 이제 한 걸음을 뗀 정도인 것 같습니다. 경쟁이 치열해지고 한정된 의료시장의 파이를 나누는 현실에서 당장의 신환 유입만 생각하는 경우가 훨씬 더 많습니다.

눈에 보이는 성과만 쫓다 보니 '저가 병원'이 되어 회복이 어려워지기도 하고, 지금의 마케팅 효과가 점점 떨어지는 것을 보면서도 손을 놓으면

아예 위기가 닥칠까 봐 변화를 시도조차 못하는 병원들도 있습니다.

병원 밖에서 우리 병원에 대해 어떤 말들이 오가는지도 모른 채 원장의 주관적 판단으로 병원마케팅이 이루어지고, 직원들과 외부업체들 역시 기계적으로만 움직이다 결과에 따라 계약이 해지되기도 하고 직원이 떠나기도 합니다. 그리고 다시 새로운 담당자를 찾는 악순환이 반복되기도 하죠. 실패의 원인을 찾지 못하고, 아니 찾으려는 생각도 안하고 새로운 방법, 더 잘할 것 같은 대행사만 찾아다니는 원장들이 있습니다.

또 마케팅 실행 경험 위주로 "이렇게 해야 성공한다!"고 주장하는 마케터들도 종종 봐왔습니다. 마케팅 방법이라고 일컬어지는 것대로만 하면 모두 성공할 것 같지만 현실은 그렇지 않죠.

개원이나 병원 리뉴얼 상담을 하다 보면 종종 자신의 병원과 같은 진료과 병원을 몇 곳이나 했는지 묻는 원장들이 있습니다. 동종의 병원들에 동일하게 적용할 마케팅이 아니라 병원 고유의 상황마다 적합한 전략과 업무들을 설계하는 일은 동종 경험과 상관성이 크지 않다는 것을 모르고 하는 소리입니다. 동일 진료과 병원들 경험이 많으면 우리 병원에 대한 마케팅도 잘할 것이라는 편견에서 비롯된 것이죠.

이상의 예들은 여전히 브랜딩과 전략적 마케팅에 대한 지식과 경험이 부족한 의료계 현실을 반영하고 있습니다. '병원마케팅 성공 사례'란 키워드가 네이버 자동완성 창에 보이는 현상이 시사하는 바처럼 말이죠.

제가 22년 넘게 병원브랜딩과 마케팅의 길을 걸어오면서 알게 된 사실은, '남의 길'을 따라가는 것이 아니라 '나를 위한 길'을 찾아가는 합리적 창조의 영역이 브랜딩이고 마케팅이라는 것입니다.

같은 진료과라도 들여다보면 상황이 다릅니다. 그래서 A병원에 적용한 전략이 B병원에는 맞지 않을 수 있습니다. 우리 병원을 성장시키는 브랜딩 전략이 정해져 있는 것이 아닙니다. 병원에 대한 자료와 근거를 가지고 창조하는 것입니다.

그런 일은 '백년지대계百年之大計'의 마음으로 시간을 요하는 개발입니다. 일정한 시간에 다량의 병원에 대해 할 수 있는 일이 아닙니다. 홈페이지 콘텐츠 개발조차 브랜딩 관점에서 유니크하게 개발하기 위해 많은 시간과 노력을 기울여야 합니다. 따라서 동일 진료과를 일정기간 내에 다량으로 제작하는 것은, 유능한 직원들이 어마무시하게 존재하는 큰 대행사가 아니라면 자랑할 일은 아닙니다.

병원이 성장하려면 무엇보다 병원 스스로의 경쟁력을 키워야 합니다. 다양한 고객들에게 안정적인 수술과 진료를 하는 노하우가 충분치 않은데 마케팅에 의존해 환자 유입만 신경쓰는 병원은 지속적으로 성장하기 어렵습니다.

소비자는 병원 입장에서 전달하는 마케팅 메시지만 믿는 바보가 아닙니다. 또 그들 곁에는 늘 병원의 불만과 위험 요소를 알려주는 이들이 있습니다. 그러한 환경에서 그들 스스로 믿음과 기대를 가지고 우리 병원을 바라보게 하는 것이 중요하고, 그러려면 진료 상품과 서비스에 대한 경쟁력을 갖추려는 근본적인 노력이 필요합니다.

그리고 병원브랜딩을 위해 노력해야 합니다. 치열한 경쟁과 상향 평준화의 의료시장에서 진료만 잘해서는 좋은 병원으로 인식되기 어렵습니다. 병원 소비자에게 특별하게 인식되고, 필요할 때 지속적으로 찾게 되는 병원이 되기 위한 노력, 즉 브랜딩은 병원 성장의 기본 조건입니다.

규모가 크든 작든, 마케팅 예산이 너무 부족한 의원이라도 자신의 생각

속에 안주하며 새로운 고민과 노력을 게을리해서는 안 됩니다. '작으니 이 정도밖에…'라는 포기로, '이 정도로 크고 고객들이 많이 찾는데…'라는 자만으로 성장의 노력을 멈추면 하루하루 힘들어지는 시간이 찾아오고, 어느 날 무너져 내리게 됩니다.

병원은 스스로 브랜딩할 수 있는 능력을 갖추어야 합니다. 그렇지 못하면 외부의 변화에 쉽게 흔들리고, 외부 의존도가 커지는 만큼 생산성이 떨어지고 조직은 지속적으로 성장하지 못합니다. 필요하면 전문가의 도움을 받아서 함께 제대로 길을 찾아야 하지만, 궁극적으로는 병원이 중심이 되어 해나가야 합니다.

병원 성장과 매출 증대 방법에 정해진 답은 없습니다. 객관적으로 필요한 근거들을 확인하고 현실을 통찰해서 전략을 개발하고 실행하는 것, 실패 가능성이 있더라도 객관성을 담보로 한 확신에 의해 과감히 걸음을 내딛고 그에 대한 결과를 다시 분석하고 업그레이드하는 노력뿐입니다.

합리적인 실패를 두려워해서는 아무것도 이룰 수 없습니다. 확신을 가지고 집행한 마케팅도 다양한 변수들에 의해 실패할 때가 있습니다. (늘 그렇다면 능력을 의심해야겠지만요.) 자연의 이치처럼 당연한 것입니다. 실패를 다시 분석해 새로운 노력을 하면서 더 성장해 나가는 것입니다. 직원에게 실패의 책임을 묻거나 실패로 인해 스스로를 좌절시키기 전에 이러한 진리를 꼭 염두에 두셨으면 좋겠습니다.

22년 넘게 일을 하고 있는 저 역시 아직도 배우고 있으며, 여전히 업무의 긴장감을 늦출 수가 없습니다.

그래서 마케팅을 단순화시키고 고정적인 방법으로 왜곡하는 태도나 정확하지 않은 이야기로 혹세무민惑世誣民하는 것은 경계하고 자중해야 할 일입니다.

이 책 『리뉴얼, 병원브랜딩 마케팅 실무』가 성장해갈 병원들에게 작은 도움이 되길 바라는 마음 간절합니다!

처음 『병원브랜딩 마케팅 실무』란 책을 낸 후 6년이 지나 이제야 '리뉴얼' 판을 내게 되었습니다. (그 사이에도 병원브랜딩을 체계적으로 이해시키는 책은 나오지 않았더군요.)

종전의 『병원브랜딩 마케팅 실무』의 전개 방향과 체계는 대체로 유지했습니다. 그러나 시의성이 강한 마케팅 관련 콘텐츠들 대부분은 새로 썼습니다. 병원 관련 사례들도 새롭게 추가하거나 교체한 것이 많습니다. 책의 90% 정도는 현재의 상황을 고려해 새롭게 쓰인 셈입니다.

이 책이 나올 수 있도록 도와주신 투비원의 하춘근 대표님, 리즈앤북 출판사 김제구 대표님, 22년간 투비원을 함께 이끌어가는 성실한 능력자들, 병원마케팅 자료 수집에 큰 도움을 준 김빛나래 양께 특히 감사드립니다.

2022년 10월 1일 저자 올림

PART 2 병원브랜드 포지셔닝하기

PART 3 병원마케팅 전략적으로 하기

PART 6 병원브랜디드 콘텐츠 전략적으로 개발하기

PART 7 내원 고객 마케팅 전략적으로 하기

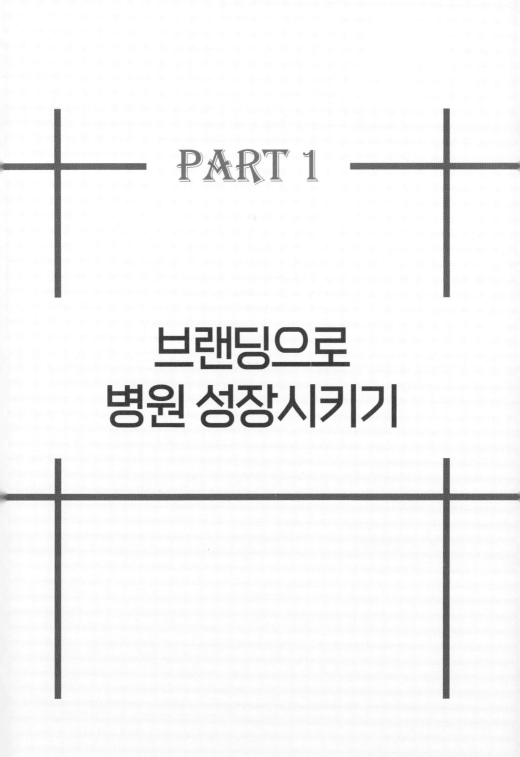

PART 1

브랜딩으로
병원 성장시키기

병원브랜딩 확실히 알기

　브랜딩은 브랜드 매니지먼트의 약자입니다. '브랜드 운영하기' 정도의 의미로 이해할 수 있는데요. 그렇다면 '병원브랜딩'이란 '병원을 브랜드로서 운영하기'라고 할 수 있겠습니다.

　병원을 왜 브랜드로서 운영해야 하는가에 대해서는 2011년 출판된

『다시! 알아야 할 병원마케팅(21세기북스)』에서 설명한 바 있습니다. 치열한 경쟁 상황에서 목표 소비자가 우리 병원을 경쟁 병원들보다 차별적으로 인식하도록 해야(브랜드가 되어야) 우리 병원 선택이 더 많아지고 병원의 안정적 성장이 이루어진다는 사실을 의료계 상황과 병원 사례들을 통해 역설했었죠.

　병원브랜드는 병원이 물리적 실체를 기반으로 차별화된 가치 및 신뢰를 제공하고 공감시킴으로써 '소비자의 인식 속에서' 특별한 존재로 자리매김되는 것입니다.

병원이란 실체와 소비자 간 특별한 관계를 형성하게 하는 브랜드에 대해서도 『다시! 알아야 할 병원마케팅』에서 설명한 바 있습니다.

병원브랜딩은 병원이 브랜드가 되도록 하는 과정에서부터 브랜드로서의 가치와 생명을 유지하도록 하는 일에 이르기까지 일련의 활동과 제반 노력이라 할 수 있습니다.

많은 경쟁 병원들 속에 후발로 시장에 뛰어드는 개원 상황이거나 고객 유입률이 떨어지고 있다면, 더더군다나 브랜드(병원 소비자의 인식 속에 경쟁군과 차별화된 존재)가 되기 위해 치열하고도 치밀한 노력을 해야 합니다.

브랜드로 성장한 병원들 역시 경쟁 상황에서 브랜드로서의 입지를 굳건히 유지하고 성장해가기 위해 브랜딩을 게을리할 수 없습니다. 다시 말해서 경쟁 병원들과 차별화된, 그리고 '차별적으로 인식되는' 가치를 지속적으로 제공함으로써 차별적 신뢰를 강화하는 브랜딩에 대해 계획적인 노력을 해야 합니다.

우리 병원에 대한 차별적 인식의 근간이 되는 차별적 가치는 중·장기적인 것이어야 합니다. 개원 상황이나 경영난에 의한 조급함으로 경쟁 병원보다 시술비를 낮추는 것은, 브랜딩에서 말하는 차별적 가치에 해당될 수 없습니다. 비용 경쟁력은 가변적이기 때문입니다. 언제든 더 낮은 비용의 경쟁 병원이 등장할 수 있으며, 장비의 발달과 진료 시스템의 변화로도 시술비는 변동될 수 있습니다. 진료비 인하로 수익 구조가 불안정해지면 발전을 위한 투자 여력이 없어 정체와 동시에 퇴보할 수 있습니다. 다시 정상적 비용을 받으려 할 때 고객들의 불만과 불신을 받게 되는 등 병원브랜드 성장에 오히려 악영향을 미칠 수 있습니다.

브랜드가 되기 위한 필요조건, 차별적 가치

병원이 브랜드로 성장하기 위해 장기적으로 갖추어야 할 차별적 가치란 어떤 것일까요? 다음의 예들을 통해 생각해보시기 바랍니다.

한 클라이언트 치과병원은 여느 치과들처럼 임플란트, 교정, 보철, 심미 치과치료들을 두루 하지만, 특히 심한 잇몸염증(치주질환) 치료에 대한 특별한 가치를 형성하고 있었습니다. 이 치과병원의 축적된 치주질환 치료 노하우는 훌륭하고, 장기적으로 안정적인 진료를 만족스럽게 제공할 수 있는 인적 자원이 있습니다.

그 지역이나 인접 지역의 잠재 고객층은 심한 잇몸질환을 잘 치료하는 치과를 만나기 위해, 또는 잇몸염증으로 치아가 흔들려 임플란트 수술을 생각하더라도 우선 자연 치아를 살릴 수 있는지 확인해보기 위해 기꺼이 이 치과병원에 오게 됩니다. 결국 임플란트 수술을 하게 되더라도 이곳에서 받게 되는 경우가 많아집니다. 이 치과병원을 경쟁 병원과 구별하여 인식하고 신뢰하게 되는 것입니다.

이렇게 되기까지는, 병원의 경쟁력과 가치 요소, 시장 상황 등을 진단한 후 단순히 진료상품 중 하나로 운영할 수도 있었던 치주 진료상품을 병원브랜드의 차별적 가치로 설정하고, '자연 치아 살리기에 집중하는 치과' 브랜드로 브랜딩 전략을 세워 실행한 것이 주효했습니다. 병원홈페이지 리뉴얼을 비롯해 대내·외 병원마케팅 콘텐츠 역시 이를 전제로 일관성 있게 개발, 노출함으로써 목표 소비자의 인식을 효율적으로 형성할 수 있었습니다.

이러한 브랜딩을 통해 임플란트 수술보다 보존 치료에 신경을 쓰는 '(소비자 관점에서) 믿을 수 있는' 치과 이미지를 형성함으로써 차별적 신뢰를 받을 수 있었기에 목표 지역을 넓혀 치과 브랜드로 성장할 수 있었습니다.

개원 당시 비만 치료 한의원에게, 단순히 약이나 시술로 비만 치료를 하는 정도에 그치는 많은 경쟁 병·의원들과 달리 비만 재발 방지 컨설팅과 맞춤 관리 프로그램을 차별적 가치로 접목할 것을 주문하고, 브랜딩 전략을 세워 실행해 나간 예도 있습니다. 차별화된 가치를 통한 차별적 신뢰를 형성하여 비만 치료 브랜드로 성장하게 된 경우입니다.

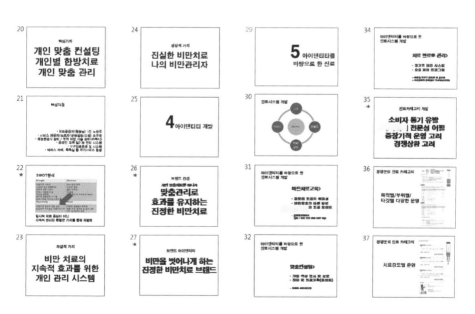

수년 전 개원 클리닉의 브랜딩 전략 기획서 일부(투비원). 브랜딩 전략 개발은 병원브랜드 운영 전반에 대해 다루기 때문에 기획서가 결코 간단하지 않습니다.

위 사례들에서 보듯이 병원의 성장 측면에서 꽤 유의미한 가치를 개발하거나 진료에 대한 높은 경쟁력을 갖추고 진료 소비자에게 지속적으로 만족을 줄 수 있다면, 이를 기반으로 병원브랜드가 될 수 있습니다.

우리 병원이 브랜드로 성장하려면, 눈앞의 이익에 집중해 레드오션에서 고전하게 하는 협소한 관점과 따라하기 식의 태도에서 벗어나야 합니다.

위 치과병원이 경쟁력을 높여온 치주 진료는 수요층도 넓고 대부분의 치과 진료에서 결합될 수 있는 것이기 때문에 시너지 효과도 큰데, 보험과 진료라 일반적으로 마케팅 비중이 낮은 편입니다. (다수의 개원가 병원들은 수익을 높일 수 있는 비보험 시술에 집중하고, 보험과 진료를 상대적으로 등한시하는 경향이 있죠.) 그러나 경쟁 상황에서 우리 병원이 차별적 가치를 제공하는 브랜드로 자리매김하고 목표 시장의 점유율을 높이고자 한다면, 소비자가 원하는 가치 중심으로 생각을 전환하는 것이 주효합니다.

병원이 더 많은 선택을 받으며 성장하기 위해 발굴해야 하는 차별적 가치는 다양할 수 있습니다. 어떻게 차별적 가치를 발굴하고 이를 통해 병원을 경쟁 병원과 차별적으로 인식하게 할 것인가, 병원브랜딩을 위해 어떤 전략적 노력을 해야 하는가의 답을 찾기 위해 우선 생각해야 할 것이 병원브랜딩 전략입니다.

병원브랜딩 전략의 필요성

그간 나름 마케팅을 해왔는데 내원율이 저조한 상태가 지속된다면, 가격 할인의 고육지책苦肉之策을 꺼내들어야 그나마 환자가 오고 다시 정상적 비용으로 운영하면 바로 급감한다면, 우리 병원을 특정 진료를 위해 오는 곳으로만 인식하는 이들이 많다면, 치열한 경쟁 상황에서 후발주자로 개원해야 한다면, 병원브랜딩 전략을 세운 후 실행해야 합니다.

나날이 치열해지는 경쟁 상황, 병원을 선택하는 진료 소비자의 진보한 정보력과 적극적 탐색 트렌드의 현실 속에서 우리 병원의 차별화된 가치와 신뢰성을 인식시키기 위해 무엇보다 중요한 '브랜딩(브랜드 매니지먼트)'은, CS교육이나 알리는 목적의 마케팅만으로 되는 것도 아니고 단기간에 이루어지는 것도 아닙니다.

친절하고 배려하는 직원들의 행동, 일사불란한 진료 진행, 시술비용의 네고 등은 병원 진료 서비스의 상식이 되어서 이 정도 노력으로는 병원 소비자들이 경쟁 병원과 우리 병원을 구별해주기 힘듭니다. 이렇게 안하는

게 이상할 정도죠.

병원은 성장해가면서 끊임없이 변화를 요구받게 됩니다. 어느새 경쟁 병원이 우리 병원과 유사한 가치를 모방하고 가격 경쟁을 할 수도 있고, 지금의 차별적 가치만으로 더 이상 시장에서 니즈를 창출하기 어려워질 수도 있습니다.

이처럼 다양한 상황 속에서 병원이 성장해가려면 먼저 브랜딩 전략을 개발해야 합니다. 우리 병원의 차별적 가치와 신뢰가 공감될 수 있는 마케팅과 관련 콘텐츠를 통해 병원 인지도와 내원율을 높이기 위해서도 브랜딩 전략이 마케팅 실행 계획보다 우선 정립되어야 합니다.

병원이 알아야 하는 브랜딩 전략

집을 짓기 위해서는 설계도가 필요하듯 브랜딩 전략은 우리 병원에 대한 인식을 형성하기 위한 설계도 같은 것입니다. 병원이 브랜드로서 성장해가기 위해서는 바람직한 방향을 설정하고, 실행의 기준이 될 수 있는 '브랜딩 전략'을 고민해야 합니다.

그러나 이 병원브랜딩 전략의 개발은 사실 매우 전문적인 것입니다. 현실적으로 병원 내부에서 전략을 세우는 일은 쉽지 않을 것입니다. 브랜딩에 대해 알지 못하는 마케팅 시행업체들 역시 마찬가지입니다.

그런데 왜 병원브랜딩 전략을 이해해야 할까요? 병원 성장의 주체인 병원 원장과 직원들이 병원브랜딩 전략을 직접 개발하기는 어렵지만 잘 이해하고 있다면, 병원의 대내·외 다각적 마케팅, 고객 관리, 진료상품 및 시스템 운영 등 병원의 차별적 인식 형성과 성장에 주효한 행위들(브랜딩)을 제대로 수행할 수 있기 때문입니다.

가령 우리 병원이 어떤 마케팅을 해야 하는지를 결정하는 것도 브랜딩 전략 하에 이루어집니다. (앞에서 예를 든 치과병원이라면 브랜딩 전략 하에 치아를 살릴 수 있는 치주 치료 마케팅을 적극적으로 진행할 수 있죠.)

그간 진료 구매를 유도하는 상담만 했었다면, 브랜딩 전략을 이해하는 순간 병원브랜드의 차별적 가치와 브랜드 철학을 바탕으로 훨씬 더 설득력 높은 상담을 하게 됩니다. (예의 치과병원이라면 임플란트 비용 네고보다 치아 살리기를 추구하는 병원의 가치를 이해시킴으로써 고객의 결정률을 높일 수 있죠.)

병원이 진료 종류를 늘려 소비자의 유입 다변화를 꾀하고자 할 때 역시 병원브랜딩 전략을 고려해야 효율성을 높일 수 있습니다. (예의 치과병원이라면 차별적 가치로 인지된 치주 치료와 결합하여 임플란트 개수 줄이기 콘셉트의 진료를 운영할 수 있죠.)

시술비용의 결정, 직원 교육, 고객 응대 매뉴얼, 고객 관리 시스템 구축 등 병원 경영의 상당 부분이 이러한 브랜딩 전략의 영향을 받습니다.

그래서 이 책에서 병원브랜딩 전략의 개발에 대해 굳이 소개하는 것입니다. 병원이 조직원과 함께 성장해가고 목표 소비자의 선택률을 높여가려면 브랜딩 전략이 있어야 하고, 조직원들이 그에 대해 이해하고 그에 맞춰 각 접점에서 전략적 행동을 할 수 있어야 합니다.

병원브랜딩 전략 개발을 위한 준비

저는 『다시! 알아야 할 병원마케팅』에서 "작은 병원이라도 브랜드가 되어야 한다"고 역설한 바 있는데요. 1인 원장의 의원, 다양한 진료를 운영하는 복수의 의사들이 있는 의원, 몇 가지 클리닉이나 센터를 운영하는 특화진료 병원, 특정 진료 분야의 전문 병원, 지역의 종합병원, 3차 의료기관, 공동의 브랜드를 사용하는 네트워크 의료기관 등 공동의 목표 시장(지역)에서 진료별로, 또 한방과 양방처럼 이종異種 의료기관 간에도 보험·비보험 구분 없이 경쟁을 하며 성장해야 하는 모든 의료기관은 브랜드와 브랜딩에 대해 잘 알고 노력해 나가야 합니다.

그러나 스스로를 보험과 진료 위주의 동네 의원으로 규정하여, 브랜딩과는 거리가 먼 운영을 하며 고전하는 경우들이 있습니다. 반면 규모가 큰 병원일수록 오히려 외형적인 어필 외에 이렇다 할 전략적 브랜딩을 못하는 경우들도 쉽게 발견할 수 있습니다. 전국적으로 지점 수가 많은 네트워크 의료기관이라면 지역별 치열한 경쟁 속에서 회원 병원들이 성장하도록 조직적인 브랜딩에 의해 브랜드 파워를 높여야 하는데, 그 부분을 만족시키지 못하면 회원 병원들이 불만을 품고 네트워크를 이탈하기도 합니다.

이 책에서는 이러한 다양한 경우와 처지의 병원들이 공통적으로 참조할 수 있는 브랜딩 전략 개발에 대한 주요 사안들을 다루었습니다.

병원브랜드 아이덴티티 정립하기

목표 소비자가 우리 병원을 잘 모르거나 경쟁 병원들을 더 고려하는 상황이라면 우리 병원이 경쟁군보다 더 우위의 가치를 얻을 수 있는 곳으로 인식하도록 해야 합니다. 그러나 그러한 인식의 변화는 단기간에 쉽게 이루어지지 않습니다. 대내외 고객 접점을 '전략적으로' 관리해 나가는 병원 브랜딩에 필요한 전략을 통해 일관성 있게 지속적으로 실천해야 합니다. 그렇게 하기 위해 먼저 병원의 브랜드 아이덴티티(identity:정체성, 가치적 개념)를 정립해야 합니다.

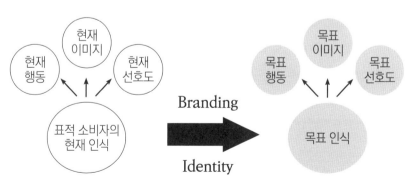

목표 소비자의 현재 인식을 우리 병원이 목표로 하는 인식으로 변화시키기 위해 병원의 브랜드 아이덴티티를 기반으로 일관성 있는 브랜딩을 실천해야 합니다.

'우리 병원은 장기적으로 어떠한 가치를 제공하는 병원'이라는 브랜드 아이덴티티를 정립하는 일은 개원 준비 과정에서부터 이루어져야 합니다.

그러나 현실은 개원의의 진료과 또는 운영하고자 하는 진료상품만 정한 채, 어디에 어느 규모의 병원을 운영하고 어떤 마케팅 방법들을 실행한다는 정도로만 개원이 진행되는 경우가 적지 않습니다.

우리 병원이 운영하고 있는 홈페이지, 블로그, 광고, 원내 홍보물 등 마케팅 목적의 콘텐츠를 한번 살펴보세요. 그리고 진료 소비자가 우리 대신 선택할 수 있는 경쟁 병원들과 비교해 보세요. 소비자 입장에서 볼 때 특별한 가치나 더 나은 신뢰성이 잘 느껴지고 있나요? 디자인 요소나 카피 같은 표현 요소 말고 콘텐츠에 담겨 있는 우리 병원의 브랜드 아이덴티티가 인지될 수 있나요?

이에 대한 문제점들이 느껴진다면, 우선 우리 병원의 브랜드 아이덴티티를 정립하고 브랜딩 전략을 세우는 게 필요합니다. 마케팅 운영 방안과 홈페이지, 블로그, 광고 등 마케팅 콘텐츠는 물론, 내원 고객의 인식을 형

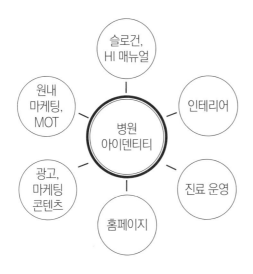

병원브랜드 아이덴티티는 인테리어, 진료 구성, 마케팅 콘텐츠, 고객 서비스 등 병원브랜딩 요소에 모두 반영되어야 합니다.

성할 병원 내부의 마케팅 콘텐츠, 상담 자료, MOT(Moment Of Truth:고객 접점에서 일관된 신뢰를 느낄 수 있도록 경험 관리하기) 등이 우리 병원의 브랜드 아이덴티티를 기반으로 하는 브랜딩 전략에 의해 일관성 있게 준비되어야 합니다. (이상의 대내·외 세부 마케팅에 대해서는 이 책에서 챕터별로 설명되어 있습니다.)

  병원의 브랜드 아이덴티티는 원장이 주관적으로 정하는 것이 아니고 비전(병원 경영의 목표와 의의), 핵심 요소(병원이 비전을 이루기 위해 빠져서는 안 되는 가장 기본적인 가치 요소), 구별 요소(경쟁군과 차별화되는 가치 요소)를 바탕으로 정리한 콘셉트와, 이를 시청각적으로 표현하여 인지시키고자 하는 상징 요소(병원브랜드 네임, 로고와 심볼 같은 그래픽 요소, 브랜드 슬로건 등)로 구성됩니다. (병원의 브랜드 아이덴티티 개발에 대해서는 『다시! 알아야 할 병원마케팅』에서 상세히 다루었으므로 참조해 보시면 좋겠습니다.)

  실질적으로는 진료과나 추구하는 의료 분야와, 의원이나 병원, 치과,

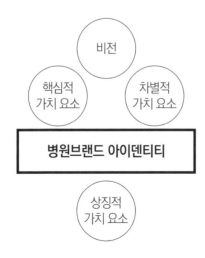

한의원 등 종목 앞에 '지속적으로 어떤 가치와 이로움을 제공하는'에 해당되는 표현이 조합된 개념적인 아이덴티티가 정리되고 이를 반영한 네이밍, 슬로건, HI(Hospital Identity : 그래픽 요소, 로고와 심볼) 등이 개발됩니다.

병원 아이덴티티 표현

[브랜드로서의 가치] 카테고리(진료과, 종별)

가령 우리 병원이 목표 지역의 통증클리닉 브랜드로 성장하고자 한다면 그에 대한 비전을 구체화하고, 그렇게 하기 위해 갖추어야 할 핵심 가치 요소를 정리할 수 있습니다. 의료진의 치료 능력과 우수한 진료 환경 같은 것일 수 있겠죠.

지향하는 목표 시장에서 경쟁군과 구별될 수 있는 차별적 가치로, 세분화된 통증 카테고리별 비수술적 맞춤치료 프로토콜, 재활 및 재발 방지의 케어 시스템 등이 될 수 있습니다. (이해를 돕기 위한 예입니다.)

이러한 비전, 핵심 요소, 구별 요소를 기반으로 '(일시적 통증 완화가 아닌) 수술 없이 통증을 치료하는 병원'으로서의 브랜드 아이덴티티를 정립한다면, 이러한 개념을 상징하는 네임, 슬로건, 로고 등을 개발할 수 있습니다. 또한 실제적으로 이러한 가치를 입증하고 효율적으로 인지시킬 수 있는 다양한 마케팅 콘텐츠들을 개발해 노출시켜야 하겠죠.

이러한 병원브랜드 아이덴티티는, '강남 성형외과, 강북의 척추·관절 전문 병원'처럼 어느 지역의 특정 진료에 주력하는 병원이라는 단순한 구분이 아닌, 소비자가 특별한 가치로 인해 다른 경쟁군과 구별해 인식하는 브랜드로서의 콘셉트입니다.

병원브랜드 아이덴티티가 정립되었다면, 고객이 다각적인 병원브랜드 체험을 통해 자연스럽게 인지하도록 주요 사안별로 이를 반영한 브랜딩 전략을 짜야 합니다. 브랜드 아이덴티티가 구현된 진료상품 세팅(개원이 아니라면 리세팅이 되겠죠), 진료상품에 대한 고객 접점별 병원브랜드 체험을 구성하고 관리하는 MOT 가이드, 진료상품별 병원브랜드 포지셔닝 전략, 소비자 인식 형성에서 구매까지 실질적으로 관여하는 대내·외 통합적 마케팅 전략 등이 비로소 개발됩니다.

브랜딩 전략 개발을 위한 자료 준비

개원을 준비하는 중이든 병원 정체의 문제를 겪게 된 상황이든, 병원의 브랜딩 전략을 개발하기 위해서는 병원에 대한 다양한 가치 요소들을 파악하고, 경쟁 관계에서의 가치 수준과 경쟁력을 판단하는 일이 우선되어야 합니다.

저 역시 병원브랜딩 회사 투비원에서 클라이언트 병원의 브랜딩 전략 개발 전 이러한 판단의 근거를 마련하고자 경영진과 주요 실무자들에게 설문과 인터뷰를 진행하고, 병원 경영과 마케팅 관련 자료들을 요청하고 있습니다.

경영자(원장)가 병원을 어떤 목표로 운영하고 싶어 하는지, 그를 위해 어떤 구체적인 노력들을 했는지, 그 결과는 어떤지(진료상품별 고객층 분석, 매출 추이, 고객 유입률과 이탈률, 고객 불만율과 소개율, 재구매율 등 객관적인 데이터도 함께 파악합니다.), 주요 진료상품과 관련한 시장 상황(목표 시장의 상황, 경쟁 상황, 경쟁 병원들의 동향, 목표 소비자의 관련 인식과 행태 등)에 대해 어떻게 파악하고 있는지, 진료 경쟁력 및 만족도, 진료상담 경쟁력, 진료 가치와 비용의 상관성은 어떻게 평가하는지, 고객의 다각적인 병원 체험을 어떻게 구성하고 관리하고 있는지, 진료별 병원의 각 강점과 취약점은 무엇이라 생각하는지, 그 이유는 무엇인지, 향후 병원 운영의 변화 계획과 그 이유는 무엇인지 등 브랜딩과 관련해 다양하고 본질적인 질문들을 통해 글과 관련 자료를 정리하게 만드는 일은 매우 의미가 큽니다.

클라이언트 병원 원장들 다수는 처음에는 설문에 대한 답변 작성이 어렵다고 느끼지만, 이 정리 과정을 통해 새삼 현재까지 운영해온 병원과 자신의 모습을 들여다보게 되었다고 합니다. 이러한 과정은 병원브랜딩이 어떻게 진행되어왔는지 또는 어떻게 운영되어야 할지의 근거 자료 일부가 되는 중요한 일입니다.

유사 설문을 의료진, 병원마케팅 실무자, 고객 접점의 다양한 직원들에게도 적정하게 진행할 수 있습니다. 각 업무나 집중되어 있는 관련 정보, 설문에 대한 접근성의 차이를 고려해 그들에게 얻을 유용한 답변을 고려한 설문을 작성하는 것이 필요하겠죠.

설문의 답변을 회수하고 검토해서 미진한 부분, 구체적인 확인 및 추가 질문이 상세히 이루어져야 하는 경우에는 인터뷰를 진행할 수 있습니다. 경험적으로는 의외로 인터뷰 과정이 글에 담지 못한 유용한 정보들을 얻는 기회가 되더군요.

그러나 충실한 답변들을 파악했다 해도 이것만으로 병원의 브랜딩 전략을 개발할 수는 없습니다. 이 답변들은 주관성이 클 수 있기 때문입니다. 경영 원장의 개인적 성향과 추상적 의지, 아전인수我田引水 격의 인식, 안

TwobeOne

제 목 : ▨▨병원(서울, ▨▨▨▨▨) ▨▨▨▨▨▨▨▨▨ 마케팅전략 개발을 위한 기초조사
수 신 : ▨▨▨ 대표원장님
참 조 : ▨▨▨▨▨▨▨▨▨▨▨님
제 언 : 투비원 정혜연 기획본부장
작성일 : 2017. 3. 3
제출일 : 2017. 3. 7

* 각 문항 아래 상세한 답변을 작성해주시고 제가 이해할 수 있도록 쉽게 설명해주세요.
* 대표원장님이 파악하기 어려운 문항에 대해서는 담당자를 통해 해당 부분의 답변서를 보내주셔도 됩니다.
* 첨부자료가 있다면 파일명을 답변란에 알려주시고 함께 보내주세요.
* 설문 중 자료 요청사항도 있습니다. 최대한 자료를 공유해주시오.
* 상기 첨부 자료들은 투비원 본부장 메일(jhy0602@naver.com)이나 투비원 웹하드에 올려주십시오. (www.webhard.co.kr id : ▨▨▨▨▨ 비번 ▨▨▨▨ 게스트>내리기>병원 폴더 생성 ★자료 보호를 위해 폴더 비번을 생성해주세요.)
* 설문 답변 일정이 늦어지면 그만큼 전략개발 일정이 늦어질 수 있으니 일정에 대해 유념해주시기 바랍니다.
* 설문답변은 제 메일로 보내주십시오. 답변 내용은 비밀이 보장됩니다.

1 ▨▨병원(서울, ▨▨▨▨ 각) ▨▨▨▨▨에 대해 다음의 사항들을 알려주십시오.

- 현 홈페이지의 ▨▨▨▨▨ 진료들은 종류가 다양하진 않습니다. 이를 포함해 ▨▨▨▨▨에서 안정적으로 운영이 되는 진료들을 병원의 중요도 순으로 나열해주시고 그렇게 순서를 정한 이유를 설명해주세요.

- ▨▨▨▨▨ 각 세부진료별(또는 질환별) 3년간 고객 유입(유입경로, 지역, 연령 등 포함)과 매출 추이를 알 수 있는 자료를 첨부해주세요.(만약 자료가 없다면 1년 내 해당 내용을 기술해주세요)

- ▨▨▨▨▨와 가장 경쟁이 되는 병원에 대해 순위별 나열과 그 이유를 알려주세요.

- ▨▨▨▨▨ 의료진 개인별 경쟁력(진료별 구체적 치료수준, 특기사항, 고객 선호도 및 이탈률 등 포함)에 대해 알려주세요.

- ▨▨▨▨▨ 고객의 주요 진료과정에 대해 첫내원부터 치료 종료까지 집중별로 알려주세요. 고객 진료경험에서 ▨병원의 특이사항이 있다면 함께 알려주세요.

- ▨▨▨▨▨ 비수술요법들에 대해 각 주요 적응증별로 알려주세요.

- ▨▨▨ 주요진료별 도수 연계 운영상황에 대해 알려주세요.

- ▨▨▨치료를 받는 ▨▨질환자가 경험하게 되는 주요과정들에 대해 알려주세요. 고객진료경험에서 ▨병원의 특이사항이 있다면 함께 알려주세요.

- ▨▨▨치료 후 홈케어 서비스 운영 또는 계획에 대해 알려주세요.

수년 전 병원브랜딩 전략 개발을 위해 사전에 제공한 경영진 설문지 일부(투비원)

일한 병원 파악에서 비롯된 것일 수도 있습니다. 병원 내부 직원들의 답변 역시 자신의 직무, 개인적 성향, 관계에서 비롯된 주관적 판단에 국한될 수 있습니다.

병원브랜딩 전략을 개발하기 위해서는 이처럼 조직원들의 인식과 실현의 내용, 병원의 운영 상황 및 경쟁력을 객관적으로 파악할 다양한 데이터들이 모두 필요합니다.

병원 내원 고객들이 자주 비교하는 경쟁 병원들의 마케팅 상황, 고객들의 의료진에 대한 평가, 병원에 대한 이미지나 선입견 및 체험 후의 평가, 고객이 언급하는 만족 요인과 불만 요인, 그 비중 등에 대한 병원의 정리된 자료들 역시 병원브랜딩 전략을 짜는 데 매우 중요합니다.

그런데 실제로 병원 내에서 이런 고객 상황에 대한 지속적 파악과 데이터 관리, 활용의 예를 찾아보기는 힘듭니다. 병원이 브랜딩을 모르고 대외 마케팅만 신경쓰면서 업체 관리 위주로 해온 현실인 것이죠.

그러나 병원 체험 고객에 대한 설문을 통해 얻는 병원브랜드에 대한 고객 인식과 평가, 감정 등 객관적 데이터로 파악하기 어려운 정보들을 매뉴얼을 갖추어 지속적으로 축적해두고 브랜딩 과정에서 공유한다면 병원이 실질적으로 발전하는 계기가 됩니다.

병원이 제공하는 자료 외에도 병원브랜딩 전략 개발 회사에서는 관련 시장 상황에 대한 다각적인 자료 조사를 실시합니다. 병원 진료별 목표 시장의 경쟁 상황, 목표 소비자 인식 상황뿐 아니라 중·장기적으로 유의미한 진료 서비스 시장을 염두에 둔 자료 조사가 이루어질 수 있습니다.

또한 병원브랜딩과 상관성이 있을 것으로 보이는 목표 소비자 트렌드, 병원 진료상품과 관련된 소비자 커뮤니케이션 상황, 병원브랜드 성장의 위

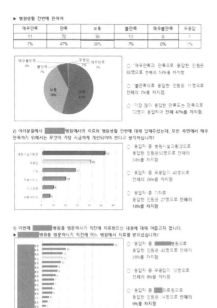

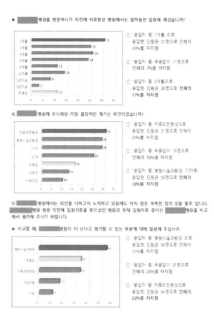

드물지만 병원 자체적으로 시행한 환자 대면 설문조사를 통해 실제 병원브랜드 관련 고객 인식에 대한 데이터를 확보한 병원 사례

협 요소들과 기회 요소들도 파악해 전략적으로 활용할 수 있어야 합니다.

이러한 브랜딩 전략 개발을 위한 자료 조사는 정기적으로 진행할 필요가 있습니다. 브랜딩 전략이 중·장기적 병원 성장을 위해 필요한 것은 분명하지만, 한 번 개발된 브랜딩 전략이 불멸의 무기가 되지는 않습니다.

브랜딩 전략 개발에서 가장 중요한 것이 병원의 자료 협력입니다. 지금부터라도 병원 내부에서 유의미한 데이터들을 정리해 보관하고, 지속적으로 업데이트 하는 시스템을 갖추시길 바랍니다.

병원브랜딩 전략 개발하기

앞에서 병원브랜드 아이덴티티를 정립하고 이를 기반으로 차별적 인식이 형성되도록 하는 브랜딩 전략을 짜야 한다고 말씀드렸습니다. 구체적으로는 브랜드 아이덴티티가 구현된 진료상품 세팅(또는 리세팅), 진료상품에 대한 병원브랜드 포지셔닝 전략, 소비자 인식 형성에 실질적으로 관여하는 대내·외 통합적 마케팅 전략, 내원 고객 접점별 병원브랜드 체험을 구성하고 관리하는 MOT 가이드 등을 아우르는 것이 병원브랜딩 전략입니다.

사전에 병원과 브랜딩 회사에서 취합한 자료들을 분석·정리하고, 체계를 잡아서 전략 기획서 초안을 작성해보면 각 사안별로 윤곽이 구체화됩니다. 전략을 개발한다는 것은 단순히 자료 정리를 통해 보고서를 작성하는 것과 차원이 다릅니다.

가령 병원의 브랜드 아이덴티티에 의해 진료상품을 어떤 식으로 세분화하여 체계적으로 구성할 것인가, 진료를 위해 병원을 선택하고자 하는 소비자에게 우리 병원은 경쟁군과 달리 어떤 가치를 제공하는 병원으로 포지셔닝할 것인가, 내원 고객이 진료를 체험하고 결과를 체감하는 과정의 접점별로 병원브랜드에 대한 인식 형성을 어떻게 관리할 것인가 하는 사안들을 병원브랜딩 전략으로 개발해야 합니다.

이처럼 병원브랜딩 전략을 개발하기 위해서는 분석한 자료들을 근거로 병원 성장 방향, 해결 과제, 진료 및 마케팅 운영책을 제시할 수 있는 통찰력이 필요합니다. 병원브랜딩 전략가는 관련 데이터의 기획, 성실한 수집, 치밀한 분석, 창의적 통찰, 합리적 전략 개발, 조직원의 이해와 공감을 일으킬 수 있는 프레젠테이션, 실현 과정에서의 피드백 모두 잘 수행해야 합니다. 그래야 병원이 브랜딩을 제대로 진행할 수 있습니다.

병원브랜딩 전략 개발의 예

『다시! 알아야 할 병원마케팅』에서도 강조했듯이 병원브랜딩, 그를 반영한 마케팅 전략은 공식이 아닙니다. 누구나 보편적으로 적용하여 같은 결과를 낼 수 있는 것이 아니란 뜻입니다. 병원 개별 상황에 맞춰 개발되어야 하고, 전문성을 요하므로 이 책에서 다수를 이해시키기는 어렵습니다. 여기에서는 이해를 돕기 위해 몇 가지 사례를 소개하도록 하겠습니다.

내원 고객의 정체가 체감되자 주력하던 피부 진료 외에 비만 진료상품을 확장하려던 클리닉은, 브랜딩 전략 개발 후 레드오션의 치열한 경쟁 속에 후발로 비만 진료에 뛰어드는 일을 그만두고 피부 시술의 경쟁력을 높이는 전략적 마케팅을 강화했습니다. 이를 통해 시장 점유율을 높이고, 연관성 있는 피부 시술 상품을 추가 개발하여 2차 목표 시장을 선정하고 기존 인프라를 바탕으로 진료 확장 운영을 성공적으로 하고 있습니다.

수년 전 한 피부 클리닉의 브랜딩 전략 개발 과정 일부(투비원)

리뉴얼, 병원브랜딩 마케팅 실무

유기적 결합도가 미비한 다양한 진료과를 운영하면서 병원브랜드 아이덴티티가 제대로 정립되지 않았던 병원은, 그로 인해 병원에 대한 인식 왜곡과 진료별 이용률 저하의 문제를 안고 있었습니다. 이를 해결하기 위해 병원 성장에 기여도가 큰 진료상품들 중심의 특화 병원으로 아이덴티티를 재정립하고, 주력 진료군 외의 진료들은 주력 진료상품과 유기적으로 접목되도록 리세팅하였습니다. 대내·외 통합적 마케팅을 통해 효율적으로 특화 진료 병원으로 인식시켜 리포지셔닝에 성공하였습니다.

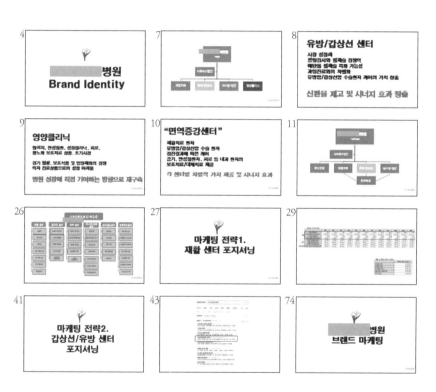

병원브랜드 리포지셔닝 전략 기획서 일부(투비원)

개원 당시 여성 헤어라인 모발 이식 수술만 하려던 클리닉은 브랜딩 전략 개발에 의해 헤어라인 교정 수술과 연관성이 높으면서 구매 결정에 영향을 미칠 수 있는 두피 케어 프로그램과 과학적인 헤어라인 분석 시스템을 도입하고, 타깃 세그먼트 진료상품들을 개발해 전문성을 강화함으로써 예상보다 빠르게 브랜드로 성장할 수 있었습니다.

가격 경쟁이 치열하던 라식 안과들과의 마케팅 경쟁을 포기하고 시력 케어 시스템을 통해 저변을 확대하고, 노안교정술과 백내장수술로 일찍부터 리포지셔닝을 한 안과. 치과 수술을 위해 선택하는 대학병원급의 경제적인 치과로 포지셔닝한 치과병원. 재수술을 비롯한 고난이도 성형수술에 집중하는 성형외과. 부인과 수술 및 여성 검진의 경쟁력으로 고객 유입 다변화를 추구한 여성병원. 대중적으로 잘 알려지지 않은 신경과 질환 진료 외에 쁘띠성형까지 무리한 진료 확장을 했다가, 본래의 주력 진료상품들의 경쟁력을 제고하고 타깃 세그먼트 마케팅으로 자리를 잡은 신경과 클리닉. 이외에도 다양한 병원들의 브랜드로의 성장은 브랜딩 전략 개발에 의해 시작되었습니다.

이처럼 브랜딩 전략은 병원이 브랜드 아이덴티티를 바탕으로 성장, 변화해 나가게 하는 원동력이며, 브랜딩을 위한 효율적 노력의 가이드가 됩니다.

뿐만 아니라 특정 진료에서 고객 내원율이 정체되고 있다는 데이터가 확인되었을 때, 이 진료상품의 경쟁 상황과 병원의 경쟁력·생산성 등에 대한 데이터들을 토대로 통찰하여, 이 진료를 병원이 투자해서 주력 상품으로 가져갈 것인가, 과감히 포기하고 생산성을 높일 곳에 집중할 것인가를 판단하는 일 역시 병원브랜딩 전략 개발에서 다룰 수 있습니다.

또 지금의 주력 진료상품 시장이 성숙시장이어서 지속 발전 가능성이 낮아지고 있다면, 지금부터 준비하고 진입해야 할 새로운 진료상품 시장은 어디인지를 전략적으로 제시할 수도 있습니다.

이처럼 병원브랜딩 전략은 병원의 '생산적인 성장'에 없어서는 안 될 기본인 것이죠. 22년 이상 병원의 브랜딩 전략을 개발해오면서 다양한 병원들의 유의미한 변화를 볼 수 있었습니다.

진료상품 전략적으로 세팅하기

소비자가 우리 병원을 만나게 되는 것은 진료상품 때문입니다. 비용을 내고 병원 진료를 받을 목적으로 소비자가 병원을 탐색하는 과정에서 우리 병원을 경쟁군보다 특별하게 인식하게 되거나, 인지되어 있던 병원브랜드를 떠올리면, 병원브랜드와의 관계가 (재)형성되는 것이죠. 진료상품의 세팅이 병원브랜딩과 무관할 수 없는 이유입니다.

병원의 브랜드 아이덴티티를 정립하면 이를 염두에 두고 진료상품을 점검하고, 필요하다고 판단되면 기존 진료상품을 전략적으로 리세팅하게 됩니다. 개원이라면 원장의 진료상품 운영 계획을 점검하고, 마찬가지로 브랜딩 전략에 따라 진료상품을 최종 세팅하게 되겠죠. 브랜드 아이덴티티를 반영한 전략적인 진료상품 개발은 병원브랜딩의 성공 여부를 좌우하는 매우 중요한 시작 단계입니다.

그러나 개원을 준비하거나 진료 운영을 하는 과정에서 흔히 범하는 진

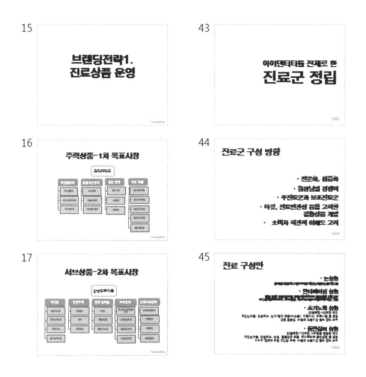

진료상품 개발은 관행에 의해서가 아니라 병원만의 브랜딩 전략을 바탕으로 이루어집니다.

료상품 구성의 오류가 있습니다. 첫째, 원장이 의사로서 수행하는 진료의 테두리에 갇혀서 결정한다는 것. 둘째, 유사해 보이는 병원들의 진료상품 구성을 따라한다는 것. 셋째, 매출 증대를 단기간에 도모하기 위해 무리한 비보험 시술상품으로 쉽게 확장한다는 것.

만약 목표 시장 내에서 경쟁군이 미비하거나, 우리 병원의 압도적인 진료 경쟁력을 입증할 수 있다면 이런 방향도 무리가 없습니다만, 현실은 그와 거리가 멀죠. 쟁쟁한 경쟁 병원들보다 입증할 마케팅 자료들과 노하우가 부족한 수준에서 진료상품을 관행적으로 구성하여 운영하는 경우에는 마케팅을 해도 성과를 거두기가 쉽지 않습니다. (마케팅 비용만 매몰되는 경우가 많습니다.)

조급한 마음에 저가低價 마케팅을 시도하다 수익 구조의 문제를 야기할 수도 있습니다. 심지어 특정 진료상품 운영에서 고객 불만이 쌓여 병원 브랜드 전체에 리스크를 초래할 수도 있습니다. 진료별 인지도와 이용률의 차이가 커지면서 불안정한 운영을 지속하게 될 수도 있습니다.

이런 일들을 예방하고 진료별로 균형 있게 성장하려면 우선 전략적 진료 세팅을 고민해야 합니다. 물론, 병원브랜딩 전략에 의해서 말이죠.

진료상품 전략적 세팅을 위해 알아야 할 것들

진료상품의 전략적 세팅은 브랜딩 관점에서 진행되어야 합니다. 브랜딩 관점에서 진료상품은 주력 상품, 보조 상품, 단기 유입 상품 등으로 운영될 필요가 있습니다.

주력 상품은 병원의 브랜드 아이덴티티를 반영해 장기적으로 잘 운영해야 할 핵심적인 진료상품이며, 우리 병원의 브랜드 이미지를 형성하게 하는 주 요소입니다.

보조 상품은 주력 상품에 시너지 효과를 내는 상품이면서 병원브랜드로 성장하기 위해 저변을 확대할 수 있는 진료상품들입니다.

가령 척추·관절 전문 병원이 운영하는 내과 진료상품, 지방 흡입과 이식을 주력으로 하는 클리닉의 쁘띠성형 상품 등이 그런 것이죠. 이 진료상품들은 병원브랜딩의 핵심은 아니지만, 보다 많은 이들에게 병원브랜드에 대한 인식을 형성할 '거리'를 줄 수 있습니다.

또 주력 진료상품과의 유기적 연계성을 고려한 운영을 했을 때, 핵심 진료상품에 대한 차별적 가치를 형성할 수 있습니다.

가령 척추·관절 전문 병원의 내과 의료진 신뢰성과 진료 만족도가 좋다면 마케팅을 통해 이용률을 증가시키면서 병원브랜드 인지도를 높일 수 있습니다. 자연스럽게 핵심 진료상품에 대한 인식도 확장되어 지역 내 척추·관절 전문 병원의 포지셔닝이 용이해질 수 있습니다. 또한 내과 진료가 필요한 환자의 척추·관절 치료를 위한 병원으로 차별화할 수도 있죠.

단기 유입 상품은 특수 시즌의 매출 증대와 병원브랜드 인지도 확산을 위해 시의적으로 운영하는 진료상품 패키지나 타깃 세그먼트 상품들이 대표적입니다. 방학이나 수능 특수를 염두에 둔 청소년 대상 진료상품, 이용 목적이나 효과 면에서 연관성 높은 두 가지 이상 진료상품의 패키지, 가정의 달에 운영되는 가족 대상 시술상품, 예비 신부나 군인 등 특정 대상의 클리닉 운영 등이 그 예가 되죠.

이상에서 보듯 병원의 진료상품 구성은 단순히 경영 원장의 경험이나

화이트닝	특화클리닉	여드름	홍조	모공	탄력/주름	피부질환
바디화이트닝	직장여성 클리닉	A1 PDT	안면홍조	모공치료 바로알기	맞춤안티에이징	사마귀
페이스화이트닝	아토피/민감성 클리닉	아큐어레이저	쉐이브라인	모공치료법	주름	켈로이드/비후성흉터
쎈번	웨딩클리닉	성인여드름	딸기코	비바체	볼륨&라인업	두드러기
기미	남성피부클리닉	난치성여드름		듀엣프락셀	눈가/다크써클	비립종/한관종/쥐젖
주근깨/잡티/색소		등가슴여드름		소프트프락셀	맞춤형 실리프팅	닭살
레이저토닝		남성여드름		비바타이트닝	더블로 리프팅	아토피피부염
슈퍼물광주사		여드름홀터&자국			듀엣 써마지	대상포진
백옥주사					V-라인 만들기	다한증
					목주름 제거	

타깃 세그먼트 시술들을 단기 유입 상품으로 운영한 병원 사례(홈페이지 사이트맵 일부)

의료인의 선지식에 의해, 또는 관행처럼 다루어져서는 안 됩니다. 무엇보다 우리 병원의 브랜드 아이덴티티, 진료상품의 객관적인 경쟁력과 시장성, 진료 운영의 생산성 및 효율성, 매출과 성장 효과 등 다양한 요소들을 고려해 핵심 진료상품 외에 보조 상품, 단기 유입 상품 등을 '전략적으로' 구성할 필요가 있습니다.

가령 핵심 진료상품인 피부 시술 상품의 매출이 감소하고 병원 성장이 둔화되어 새로운 진료상품 확장을 고려할 때, 병원의 브랜드 아이덴티티와 경쟁력을 고려하지 않고 비만 치료 상품을 도입한다면 레드오션의 비만 치료 성숙시장에서 오히려 고전할 가능성과 투자의 비생산적 결과를 야기할 수 있습니다.

이처럼 전략적인 진료상품 개발 조건에 미흡한 진료상품들을 운영하는 경우, 이 진료상품을 대의를 위해 포기할 것인지 보조 상품 차원으로 리뉴얼할 것인지 브랜딩 전략 차원에서 검토하고 리세팅할 수도 있습니다.

가령 산부인과에서 아이덴티티와 무관한 피부나 비만 시술 상품을 도입하면 치열한 경쟁 상황에서 고전할 것이 분명하지만, 이러한 시술이 어려운 임산부용 프로그램으로 리세팅해서 보조 상품으로 운영함으로써 차별적인 브랜드 가치를 형성한 경우도 있습니다.

영양 상태와 면역력을 검사하고 그에 대해 영양제를 처방하는 익숙하지 않은 진료상품은 시장성이 낮지만, 기존 진료상품들과의 연계 시스템을 구축하여 치료 효과 증진, 재발 방지 효과, 치료 시기의 떨어진 면역력 회복을 위한 상품으로 리세팅함으로써 보조 진료상품으로 기능하게 한 경우도 있습니다.

물론 이러한 진료상품 운영 정책은, 실제로 고객의 만족을 이끌어낼 수준을 전제로 하거나 빠르게 그러한 경쟁력을 갖출 수 있다는 합리적 판단에 의해, 또한 운영의 생산성과 기대 효과에 대한 면밀한 분석을 통해 확정되는 것입니다.

진료상품의 효율적 운영이 꼭 새로운 진료의 확장을 의미하는 것은 아닙니다. 주력 상품이나 보조 상품을 타깃 세그먼트를 통해 세분화해 효율성을 높일 수도 있습니다.

가령 치과에서 임플란트 수술을 앞니 심미 임플란트, 고령자 임플란트, 만성질환자 임플란트, 원데이 임플란트, 맞춤형 어버트먼트를 이용한 개인 맞춤 임플란트 등으로 세분화하는 것은, 임플란트 수술의 경쟁력 높은 치과 브랜드로서의 신뢰성을 높이고 타깃별 니즈를 창출해 매출과 브랜드 이미지 강화로 이어지게 합니다.

내과에서 소화기 진료 외에 만성질환 관리, 면역력 관리, 체계적인 비만 관리 상품들을 운영하는 경우도 그렇습니다.

병원의 브랜딩 전략 개발을 위한 다양한 자료 조사를 통해 진료상품 운영 상황과 미래의 경쟁력을 고려해서 전략적으로 진료상품을 세팅 또는 리세팅하면, 그에 따른 진료별 마케팅과 MOT를 포함한 병원브랜딩을 체계적으로 실현하게 됩니다.

병원브랜딩 지속적 운영 가이드

병원브랜딩은 앞서 말씀드린 것처럼 한 번 개발되면 고정적으로 운영되는 것이 아닙니다. 중·장기적 병원 운영에 필요한 전략이지만 브랜딩 실현 과정에서 피드백 되어야 하고, 그에 따라 수정·보완되어야 하는 것입니다. 병원 내부 사정이나 정책적 변화, 급속한 시장의 변화 등 다양한 변수들은 상존하기 때문입니다.

가령 TV 방송에서 특정 수술의 과도한 운영 상황이나 부작용이 집중 보도되면, 부정적 여론을 의식한 관련 병원들이 다른 브랜딩 방향을 모색합니다. 이전에는 대량 수술 고객 유치와 빠른 회전 위주의 운영시스템을 바탕으로 가격 경쟁력을 어필했었다면, 이번에는 엄격한 수술 기준 적용 및 안전성 지향의 병원브랜딩으로 수정하는 것이 한 예입니다.

장기적 경제 불황과 취업난으로 20~30대의 구매력이 떨어지는 사회 현실은 병원 진료시장에도 영향을 미치게 되었고, 이들을 공략하던 고가 수술상품의 매출은 전 같지 않게 되었습니다. 가령 양악수술 상품을 주력으로 하던 성형외과병원들은 이제 중·장년층을 공략하는 리프팅수술 같은 다른 성형수술 상품이나, 해외 환자 유치로 판로의 다변화를 모색하고 리포지셔닝을 하고 있기도 합니다.

개원 당시의 동업 관계가 깨지고 그로 인해 병원브랜딩 역시 방향을 전환해야 하는 경우도 있습니다. 함께 일하던 의료진이 인접 지역에 카피 병원을 차려 가격 경쟁으로 압박해오면서 경쟁관계가 형성되기도 합니다.

이처럼 예측하기 어려운 다양한 변수와 외부 요인에 의해 병원브랜딩이 부분적으로 변화하는 경우들도 있지만, 병원브랜딩 전략의 실현 결과에 따라 보완과 수정을 해야 하는 경우도 있습니다.

진료 세팅 후 진료별 브랜딩을 실행할 때, 다양한 접점별 직원들과 의료진의 실행 능력이나 태도의 차이가 발생할 수도 있습니다. 네트워크 의료기관의 각 지점별로도 이런 상황이 발생할 수 있습니다. 병원 경영 원장의 독단적인 의지 표명으로 실행한 병원브랜딩이 예상했던 기대 효과를 내지 못할 수도 있습니다. 이렇게 되면 병원브랜드 전체의 불신이나 경쟁력 희석의 효과를 발생시킬 수 있기에 실질적인 점검과 관리가 꾸준히 이루어져야 합니다.

병원브랜딩에 필요한 피드백 시스템

병원이 브랜드가 되기 위해 준비하고 브랜드로 성장해가는 단계별 브랜딩 전략은, 브랜드 아이덴티티를 바탕으로 한 큰 방향과 원칙 하에 이런 다양한 변수들과 실행 결과의 피드백을 통해 세부 조정됩니다.

　이를 위해 브랜딩에 대한 점검과 피드백 시스템을 운영하는 것이 바람직합니다. 가령 진료상품 리세팅(또는 세팅), 각 진료별 브랜드 포지셔닝 전략과 마케팅 전략 운영에 따른 진료상품별 고객 유입, 반응, 매출, 시장 (지역) 점유율, 병원브랜드에 대한 인지도 등을 측정한 데이터들을 정기적으로 정리하고, 그를 토대로 병원브랜드와 진료별 경쟁력을 예측하여 브랜딩 전략의 세부 운영안을 점검, 수정하는 식입니다.

경로 별 내원현황				
내원경로	고객소개	인터넷	직원소개	기타
	59	84	9	65

지역 별 내원현황		나이대별 내원현황		
노원구	338	10대이하	86	₩ 20,062,700
강북구	23	20대	169	₩ 60,400,000
도봉구	116	30대	204	₩ 80,073,000
성북구	27	40대	153	₩ 94,706,500
남양주시	23	50대	96	₩ 50,168,000
의정부시	34	60대이상	27	₩ 13,576,000

시술별 티켓팅 현황											
보톡스	₩	9,875,000	₩	8,120,000	₩	6,395,000	₩	8,890,000	₩	5,470,000	₩ 6,755,000
필러	₩	51,860,000	₩	22,685,000	₩		₩	30,865,000	₩	30,180,000	₩ 11,900,000
써마지	₩	9,570,000	₩	7,750,000	₩	12,540,000	₩	11,625,000	₩	6,685,000	₩ 7,960,000
울쎄라	₩	5,260,000	₩	1,320,000	₩	1,490,000	₩	1,490,000	₩	2,390,000	₩ 3,200,000
토닝실펌	₩	19,575,000	₩	16,525,000	₩	14,915,000	₩	20,455,000	₩	11,430,000	₩ 15,710,000
프락셀제나	₩	10,850,000	₩	7,090,000	₩	955,000	₩	2,550,000	₩	9,500,000	₩ 6,350,000
브이빔	₩	2,550,000	₩	2,300,000	₩	1,070,000	₩	2,120,000	₩	1,445,000	₩ 2,305,000
여드름관리	₩	9,696,000	₩	11,152,000	₩	6,310,000	₩	7,915,000	₩	10,332,000	₩ 4,835,000
일반관리	₩	1,490,000	₩	1,517,000	₩	2,160,000	₩	90,000	₩	895,000	₩ 2,330,000
옹카관리	₩	1,590,000	₩	1,710,000	₩	2,150,000	₩	160,000	₩	410,000	₩ 270,000
두피	₩	10,005,000	₩	5,115,000	₩	4,280,000	₩	12,225,000	₩	-	₩
비만	₩	-	₩	-	₩	1,600,000	₩	1,600,000	₩	-	₩
제모	₩	1,541,000	₩	724,000	₩	5,920,000	₩	642,000	₩	2,673,000	₩ 1,449,000
주사제	₩	4,020,000	₩	2,211,000	₩	5,086,500	₩	3,585,000	₩	1,865,000	₩ 1,630,000
레이저	₩	15,825,500	₩	13,724,200	₩	6,498,000	₩	16,102,500	₩	9,735,700	₩ 8,596,500
합계	₩	153,707,500	₩	101,903,200	₩	71,369,500	₩	120,314,500	₩	93,010,700	₩ 73,290,500

포진고객 내원경로 그래프

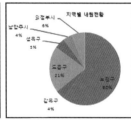

지역별 내원현황

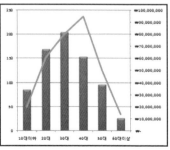

리뉴얼, 병원브랜딩 마케팅 실무

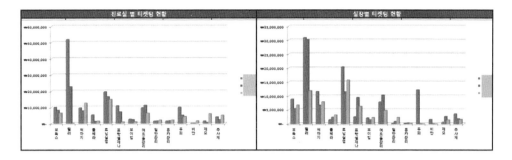

병원의 마케팅 실무자가 내원 고객을 유입 경로, 지역, 연령, 진료별로 분석 정리한 자료.
이러한 자료는 브랜딩 및 마케팅 보완의 실질적 근거로 활용될 수 있습니다.

또 진료시스템별 MOT 진행 결과에 따른 고객 반응, 만족도, 불만율의
변화, 진료 결정률의 변화, 병원브랜드 신뢰도와 고객 평가, 고객의 재내원
율과 2차 구매율, 직원들의 브랜딩에 대한 인지 상태와 실행 수준 등에 대
해서도 정기적으로 측정한 데이터들을 정리합니다. ('병원브랜드 포지셔닝'
이니, 'MOT'니 하는 개념이 어려우시다면 곧 이 책에서 상세히 다루는 챕터
들을 만나게 되니 기다리세요.)

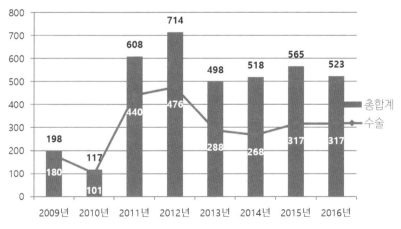

병원에서 진료 상담 대비 수술 결정 실적과 그 추이를 조사, 분석, 정리한 자료 사례

이처럼 브랜딩 전략의 실행에 대한 피드백 자료를 병원 내에서 공유하고, 그에 따른 개선안을 함께 모색해 나가는 정기적 협의 테이블을 운영하는 것이 바람직합니다. 병원브랜딩 대행사와 진행하고 있다면, 마찬가지로 병원브랜딩에 대한 피드백과 협의를 정기적으로 함께 해나가면서 브랜딩 전략을 보완하고, 외부 요인에 빠르게 대응해 나가는 것이 중요합니다.

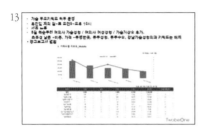
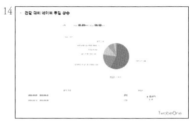

병원브랜딩 전략에 의한 마케팅 실행 후 소비자 반응 및 홈페이지 유입 분석, 관련 브랜딩 실무 제안 등에 대한 브리핑 자료를 병원에 매월 제출하고 협의를 진행한 예(투비원)

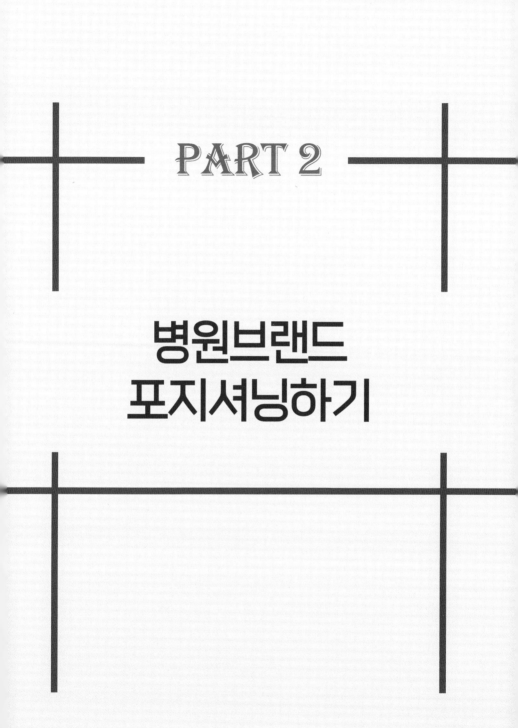

PART 2

병원브랜드
포지셔닝하기

병원브랜드 포지셔닝이란?

'브랜드 포지셔닝positioning'이란 말 그대로 브랜드를 위치시킨다는 것입니다. 어디에 무엇으로 위치시키느냐가 중요한데요. '어디에'에 해당하는 것은 목표 소비자의 인식입니다. '무엇으로'에 해당하는 것은 병원브랜드에 대해 전략적으로 유의미한 카테고리를 말합니다.

다시 말해, 병원을 고려하는 소비자가 자신의 니즈에 적합한 병원을 효율적으로 빠르게 선별해내고 선택하는 과정에서 작용하는 '인식 속 카테고리'에 우리 병원 브랜드를 위치시킨다는 것입니다.

'소비자의 인식 속 카테고리'란 많은 병원들을 소비자 기준으로 분류한 범주를 말합니다. 성형외과, 대장항문외과, 피부 진료 한의원과 같은 진료 분야의 일반적 카테고리 외에 특정 진료상품에 대해 전문화된 병원, 진료비용이 저렴한 병원, 치료 사례나 의료진 실적을 통해 신뢰성이 큰 병원, 진료비가 다소 비싸지만 진료 서비스가 고급스러운 병원, 접근성과 효율성이 좋은 병원 등 소비자 개개인이 우선적으로 고려하는 가치의 기준별로 병원을 범주화한 것입니다. (각 기준들이 복합적으로 작용하는 경우도 많은데, 어떤 가치에 비중을 더 두느냐에 의해 분류될 수 있습니다.)

　가령 여드름 치료 때문에 인터넷 검색을 하는 소비자들은 여드름 치료 경험이 많은 피부과 카테고리에서 병원을 선택할 수도 있고, 레이저시술 불만족에 의해 대안적 치료로 한방 치료를 어필하는 한의원 중에서 선택할 수도 있습니다. 주머니 사정이 넉넉지 못한데 여드름 때문에 사회생활이 고민인 젊은층이라면 저가 시술 패키지를 내세우는 피부 클리닉들에 관심을 보일 수도 있습니다. 유명 피부과 브랜드 네트워크를 선호하거나 규모가 큰 병원 카테고리에서 선택하려는 소비자들도 있죠.

　우리 병원은 진료에 대한 소비자의 병원 선택 행태에서 작용하는 인식의 카테고리 중 어떤 범주에 속하게 할 것인가(어떤 가치를 제공하는 병원으로 인식시킬 것인가)를 전략적으로 고민해서 그렇게 되도록 하는 일이 '병원브랜드 포지셔닝'이라 이해하시면 되겠습니다. (『다시! 알아야 할 병원마케팅』에서 병원브랜드 포지셔닝에 대해 병원 사례들과 함께 설명해놓았으니 참조해보세요.)

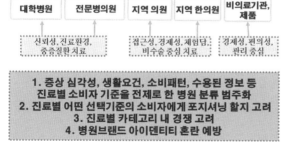

병원브랜드 포지셔닝의 이해를 돕기 위해 소비자의 선택 기준에 따른 병원 카테고리를 도식적으로 정리한 강의 자료입니다. 병원들은 각 카테고리 내에서뿐 아니라 카테고리 간에도 경쟁해야 하는 상황에 놓일 수 있음을 염두에 두고 브랜드 포지셔닝 전략을 개발해 마케팅에 적용해야 합니다.

병원브랜드 포지셔닝의 필요성

이처럼 병원들은 소비자 나름의 선택 기준들을 전제로 분류된 '인식의 카테고리들' 내에 적절하게 위치함(인식시킴)으로써 선택을 받을 가능성이 높아집니다. 그래서 우리 병원의 진료별 목표 소비자, 경쟁군, 우리 병원 브랜드의 가치 요소 등을 전제로 우리 병원 브랜드가 지향해야 하는, 소비자 인식 속의 카테고리를 전략적으로 설정할 필요가 있습니다.

오해하실까 봐 좀 더 말씀드리자면, 소비자의 기존 인식의 카테고리 중 우리 병원을 특정 가치의 카테고리에 자리잡게 하는 것만이 포지셔닝의 전부는 아닙니다. 때로는 기존에 없는 카테고리를 만들어 최초, 1위 브랜드로 선점하는 것 역시 전략적 포지셔닝입니다. 병원브랜드의 새로운 가치 개발에 의한 차별화를 통해 블루오션에서 보다 안정적으로 성장하는 전략적 포지셔닝인 것이죠. 가령 여성 헤어라인 교정 수술만 집중하는 병원으로 포지셔닝한 사례는 모발 이식 시장에서 새로운 카테고리를 정립해 1위 브랜드가 된 좋은 예입니다.

병원의 브랜드 포지셔닝은 브랜드 아이덴티티와는 다릅니다. 병원의 장기적 성장의 기본 전제로서의 정체성이 '아이덴티티'라면, 진료별로 시의적인 경쟁 상황에서 병원 선택을 높이기 위한 가치적 개념 정립이 '포지셔닝'이라고 할 수 있습니다.

가령 건강한 출산문화를 선도하는 병원브랜드로서의 아이덴티티를 갖고 있는 산부인과가 고급스러운 서비스의 산부인과, 지역에서 오래되어 인지도 높은 산부인과 등과 경쟁하는 상황에 놓여 있다고 합시다. 병원 역사가 오래되지도 않았고 고급스러운 인테리어와 서비스를 자랑하지도 못하지만, 의료진의 우수한 능력과 분만 시스템을 바탕으로 고령 출산이나 고위험 임신부들의 분만을 위한 병원으로 포지셔닝하는 것이 시장 점유율을 높이는 전략일 수 있습니다. 지역 산부인과의 일반적 카테고리에서 벗어나 출산의 안전성이 높은 병원으로 목표 소비자들에게 인식시키는 것이 포지셔닝의 한 사례입니다.

병원브랜드 포지셔닝은 마케팅 커뮤니케이션보다 상위의 개념으로, 마케팅 실행의 방향을 잡아주는 고도의 전략인 것입니다.

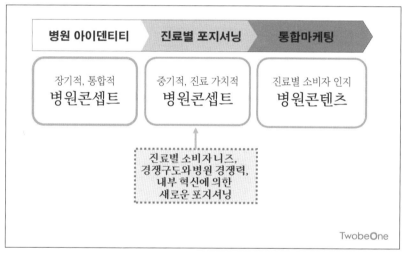

병원브랜딩에서는 먼저 브랜드 아이덴티티를 정립하고 경쟁관계에 의한 포지셔닝 전략을 개발하여 대내·외 통합적 마케팅으로 실행해야 합니다.(병원브랜딩 강의 자료 중)

다수의 병원마케팅 업계에서는 아직 포지셔닝을 이해하지 못하고 마케팅 진행에서 이를 적극적으로 고려하지 않고 있지만(병원브랜드 포지셔닝을 '특정 진료상품은 이 병원' 하는 식의 진부한 광고 메시지로 오해하고 왜곡된 설명을 하는 병원마케터들도 있더군요.), 포지셔닝은 마케팅 진행 이전

경쟁이 치열한 진료상품군에서 일반적 진료 카테고리와 병원을 매칭하는 것을 브랜드 포지셔닝으로 오해하고 그런 광고들을 양산하는 경향이 있습니다만, 브랜드 포지셔닝을 제대로 알고 실현해야 합니다.

에 정립되어야 합니다.

혹시 병원에 대해 브랜드 포지셔닝을 하면 시장이 좁아지는 것이 아닌가 생각하시는 분들이 있을까 봐 말씀드리자면, 전 세계 브랜드 마케팅에서 역사적으로 입증되어온 진실처럼, 전략적으로 포지셔닝 되면 소비자가 자신의 니즈와 관련해 병원을 주목하고 선택할 가능성이 높아지기 때문에 병원브랜딩에서 포지셔닝은 필수적입니다. 전략적으로 포지셔닝이 이루어지지 않으면, 수많은 병원들 속에 묻혀 존재감이 드러나지 않거나 왜곡된 인식을 형성하게 되어 소비자의 선택을 받기 어려워질 수 있습니다.

포지셔닝 전략을 개발해 실행한 적은 없지만 그간의 마케팅과 고객 체험에 의한 여론에 의해 특정 이미지가 형성된 병원의 경우(사실 이런 병원들이 상당수죠), 그로 인해 향후 병원브랜드 성장에 제한이나 악영향을 받게 될지를 빨리 진단하고 제대로 포지셔닝 전략을 개발해서 실현해야 합니다.

병원브랜드 포지셔닝 전략 개발하기

　　병원브랜드 포지셔닝 전략은 진료와 관련하여 목표 소비자가 우리 병원을 선택할 이유를 명확히 인식하도록 계획하는 일입니다. 우리 병원 진료와 관련된 목표 소비자의 주요 니즈, 그들이 우리 병원과 비교하게 되는 경쟁군의 가치, 그와 차별화되거나 우위성을 확보할 수 있는 우리 병원의 가치 요소와 경쟁력 등을 파악하여 이를 토대로 병원의 가치적 콘셉트를 도출하도록 해야 합니다. 이러한 포지셔닝 전략을 기반으로 대내·외 통합

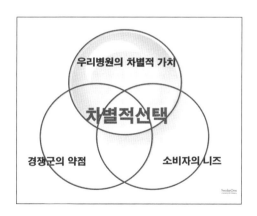

적 마케팅과 MOT를 실현함으로써 소비자 인식을 형성하는 것입니다.

이해를 돕기 위한 예를 들어보겠습니다. 특정 지역민들을 목표 소비자로 하고 있는 통증 클리닉은 그 지역에서 유사 진료를 하는 의원, 한의원, 규모가 큰 병원들과 경쟁관계에 있습니다. (목표 소비자가 우리 병원과 비교하거나 선택할 수 있는 대상은 모두 경쟁군이죠.)

이런 상황에서 한정된 소비자의 선택을 받아 성장해가려면 어떻게 포지셔닝하는 게 좋을까요? 경쟁군의 강점과 약점을 살펴보았습니다.

접근성이 좋고 상대적으로 진료비도 저렴하고 오랫동안 지역에서 성장해오면서 고객 확보도 꾸준히 하고 있는 의원들의 경우, 충분한 검사 시스템과 시술의 다양성에 한계가 있고, 그로 인해 재발률도 낮지 않은 단점이 있었습니다. 대형 병원은 중증질환 치료나 수술을 위해 주로 선택하는 경향이 있는데, 진료비도 상대적으로 고가이고 수술을 회피하고자 하는 소비자에게는 최후의 선택이었습니다.

이러한 경쟁군과 차별화된 가치를 제공하고 목표 소비자(통증 환자)의 니즈(수술 안하고 호전되고 금세 재발되지 않길)에 부합하는 병원으로 포지셔닝하기 위해, 이 통증클리닉은 진단 정확도를 높이는 검사 시스템, 다양한 시술 운영, 재발 방지를 위한 환자 교육 및 운동요법을 바탕으로 '재발률 낮춘 비수술 통증 치료 병원'으로 포지셔닝했습니다.

이렇게 하기까지, 먼저 경쟁군이 어필하는 가치 요소와 한계점, 목표 소비자의 니즈와 병원 이용 행태 등에 대한 조사와 자료 분석을 했습니다. 아울러 통증 클리닉의 차별적 가치 요소와 경쟁력을 분석했습니다. 이를 토대로 병원의 포지셔닝 방향과 콘셉트를 정립하는 전략 개발에 이어, 이러한 인식이 소비자에게 형성되도록 통합적 마케팅을 실행했고, 내원 고객이 체험하게 되는 진료 시스템도 그렇게 보강, 수정했습니다. 이를 통해 병원은 지역에서 빠르게 인지도와 고객 내원율을 높일 수 있었습니다.

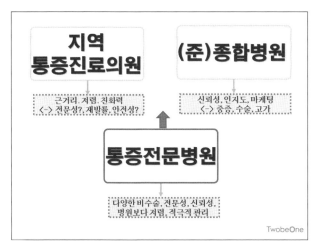

병원의 브랜드 포지셔닝 전략 개발에 의해 진료시스템, 재발 관리 시스템, 내원 고객 상담 자료, 홈페이지, 마케팅 콘텐츠 등이 개발되었습니다. 전략적 포지셔닝에 의해 고객 선택률을 높인 사례 중 하나입니다. (투비원)

병원브랜드 포지셔닝 전략 개발 과정

병원브랜드 포지셔닝 전략은 '병원브랜딩'의 장에서 언급한 것과 같이 병원브랜딩 전략의 한 부분입니다.

다만 병원브랜드 포지셔닝은 앞서 말씀드린 바와 같이 진료상품에 대한 시의적 경쟁관계를 전제로 이루어져야 하기 때문에 이 점을 염두에 두어야 합니다. 다시 말해, 현재 각 진료에 대해 목표 소비자가 경쟁군보다 우리 병원을 더 선택하도록 하기 위한 전략이라 할 수 있습니다.

이러한 전략을 짜기 위해서는 먼저 진료별 목표 소비자(지역 포함)를 설정하고, 그 안에서 경쟁군의 마케팅 활동과 경쟁력 등을 파악해봐야 합니다. 아울러 우리 병원의 진료에 대한 상대적 경쟁력을 최대한 객관적으로 평가해봐야 합니다.

진료별로 유입 가능성이 있는 목표시장은 다릅니다. 그 안의 경쟁군과 마케팅 상황도 다릅니다. 이러한 진료별 경쟁 상황에서 우리 병원의 진료 경쟁력이 현실적으로 평가되어야 바람직한 포지셔닝 전략을 개발할 수 있습니다.(병원브랜딩 강의 자료 중)

우리 병원의 경쟁력을 진료별 경쟁관계에서 상대적으로 평가하여 브랜드 포지셔닝 전략을 짜려면 먼저 SWOT 분석이 필요할 수 있습니다.

진료상품에 대한 병원브랜드의 강점Strength, 약점Weakness, 기회 요소 Opportunity, 위협 요소Threat를 합리적으로 정리해보는 것입니다.

여기서 말하는 강점과 약점은 원장의 주관적 판단이 아닌, 소비자의 선택 면에서 경쟁군과 비교했을 때 상대적인 가치에 해당된다는 점을 유의하시기 바랍니다.

기회 요소와 위협 요소는 병원의 외부 환경적 요인입니다. 관련된 사회적 또는 지역적 이슈, 진료 소비자 트렌드, 의료산업계의 변화 등에서 기인하는 것들이죠.

병원/진료 SWOT 분석

S
- 의료진 관련 경쟁력
- 진료환경 및 시설, 시스템 경쟁력
- 실적 및 입증된 결과 DB
- 빠른 회복, 통증 최소화 노하우
- 재발 억제 위한 관리시스템
- 높은 만족도 및 소개율
- 접근성, 고객서비스, 편의성 우수
- 진료비 경쟁력, 진료 효율성

W
- 젊은 의료진, 교체, 진료결과의 편차
- 신생병원으로서 DB 열세
- 비용 대비 가치 인식 미비(고가, 과잉진료 오해)
- 특정진료 이미지로 인한 왜곡
- 고식적 진료 위주로 선택폭 협소
- 오래된 시설과 진료환경
- 예약, 대기 및 상담의 효율적 관리(MOT) 미비
- 부정적 여론 형성

O
- 경쟁병원들에 대한 불만요인들
- 접근성, 편의성, 경제성 낮은 3차의료기관
- 과잉진료, 부작용, 재발에 대한 소비자 불신, 언론 보도
- 증가하는 질환군과 소비자 관심
- 의료정책 변화에 의해 낮아진 문턱
- 도시정책에 의한 유입인구 증가
- 최신 시설과 장비 개발

T
- 경쟁병원들의 마케팅과 견제, 가격할인마케팅
- 인구 감소, 고령화
- 경기침체, 소비 감소 등 경기상황
- 대체 제품이나 비의료서비스 활성화
- 강력한 경쟁병원 개원, 도시정책 등에 의한 잠재고객층의 이탈
- 블랙컨슈머
- 의료사고 이슈화에 의한 진료 수요 감소
- 장비와 기술 발달에 의한 진료 혁신

TwobeOne

이해를 돕기 위해 일반화한 병원 SWOT 분석의 예입니다. 병원의 진료별 경쟁 상황에 따라 각 항목별 합리적 분석 내용이 담겨야겠죠. 상대적이고 시의적인 것이어서 주기적 분석이 필요합니다.(병원브랜딩 강의 자료 중)

진료에 대한 우리 병원의 SWOT 분석 내용을 토대로 포지셔닝 전략을 설계합니다.

목표 시장의 진료상품에 대한 우리 병원의 약점(소비자 선택에서 마이너스로 작용하는 점)이 단기간에 극복되기 어려운 것이라면(가령 개원한 지 얼마 안 돼 사례나 후기 등의 DB가 미비한 경우) 강점에 더욱 집중하도록 해야겠죠. 약점이 소비자 선택에서 무시할 수 없는 사안(가령 가격 경쟁력)이라면 빨리 개선하도록 노력할 것인지, 소비자 인식을 바꾸도록 이슈를 만들 것인지(가령 가격보다 더 고려해야 하는 사안에 대한 인식 형성을 통해 우리 병원의 장점을 주목하게 하기) 판단해야 할 수도 있습니다.

이렇게 강점이나 약점을 고려하면서 함께 활용할 수 있는 것이 기회 요소, 위협 요소입니다. 기회 요소를 통해 우리 병원의 진료에 대한 강점을 더 효율적으로 인식시킬 수 있거나 약점을 상쇄시킬 수 있습니다.

가령 우리 병원 주력 시술의 가격 경쟁이 심한 지역에서 상대적으로 진료비용이 비싸 소비자 선택률의 증대가 잘 이루어지지 않는다면, 단순히 시술을 알리는 식의 마케팅으로 기대하는 성과를 거두기는 어려울 것입니다. 유입된 고객이 비용에 대해 저항감이 클수록 이탈률이 높아지고, 그만큼 마케팅 투자비는 매몰되게 되죠.

그보다 재수술이나 불만 후기가 증가하는 추세를 기회 요소로 활용해 가격 경쟁력의 약점을 상쇄하고, 재수술이나 부작용을 억제할 수 있는 의료진 노하우의 강점을 부각하는 포지셔닝 전략을 세울 수 있습니다.

이는 재수술과 부작용의 증가라는 기회 요소를 활용해 비용에 대한 병원의 약점과 주위 경쟁군의 가격 마케팅이란 위협 요소를 극복하고, 오래 효과를 누릴 수 있는 진료의 장점을 부각한 예입니다.

주위 가격 경쟁이 횡행하는 지역에서 진료 부작용의 경각심을 이용해 진료 노하우를 부각하고 낮은 비용 경쟁력을 해소하는 포지셔닝 전략을 반영한 마케팅 콘텐츠 예 (투비원)

사실 병원브랜드 포지셔닝 전략은 전문적인 것이어서 병원 내부에서 세우기는 어려울 것입니다.

그러나 적어도 SWOT 분석 항목의 정리와 이를 통해 우리 병원과 진료의 시장 환경을 합리적으로 이해하고자 하는 노력은 필요합니다. 그러한 이해가 없다면 마케팅을 통해 소비자 유입을 도모하고자 해도 매몰비용만 늘리는 결과를 야기할 수 있습니다.

병원브랜드 포지셔닝 전략 적용하기

병원브랜드의 경쟁 상황에 대한 객관적 분석을 통해 합리적으로 개발한 병원브랜드 포지셔닝 전략에 의해, 병원은 저마다 소비자의 관련 인식 카테고리에서 상기되거나 인지되어 선택을 받게 됩니다.

그런데 병원브랜드 포지셔닝 전략대로 진료상품의 목표 소비자가 우리 병원에 대해 인식하게 해서 병원브랜드의 선택률을 높이려면, 포지셔닝 전략을 반영한 마케팅 커뮤니케이션 전략을 개발해 실현해야 합니다.

이 포지셔닝 전략 없이 필요에 따라 주먹구구식으로 마케팅을 진행하면, 많은 경쟁 병원들의 마케팅 속에서 우리 병원 브랜드에 대한 목표 소비자의 명확한 인식을 형성하기 어렵습니다. 결국 '병원 선택률 제고'라는 목표 도달이 쉽지 않을 뿐 아니라, 효과에 도달하지 못하고 마케팅 비용만 소멸되는 '매몰비용'이 커지게 됩니다. 또한 바람직한 병원브랜드 이미지 형성이 이루어지지 못하는 등 브랜드로서의 성장에도 문제가 될 수 있습니다.

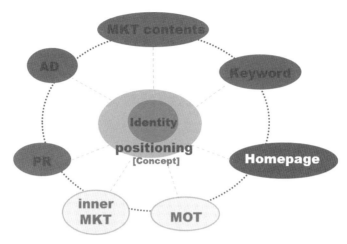

병원브랜드 포지셔닝 전략에 의한 진료별 콘셉트는 대내·외 마케팅 접점은 물론, 내원 고객의 진료 체험에서도 일관성 있게 반영되어야 합니다.(병원브랜딩 강의 자료 중)

병원브랜드 포지셔닝 전략 적용 시 고려할 점들

병원브랜드 포지셔닝 전략을 개발하면 기존에 병원이 생각한 것과 다른 병원의 위상, 특별한 가치와 이미지가 형성될 수 있습니다. 목표 시장과 소비자의 설정도 달라질 수 있습니다. 그에 따라 경쟁군, 핵심 경쟁 병원, 경쟁관계 역시 새롭게 구성될 수 있습니다.

예를 들어, 운영해오던 특정 시술에 대해 단순히 진료상품 하나로서가 아니라, 시술의 효과 불만족자들에게도 만족스러운 재치료를 제공할 수 있는 가치의 진료상품으로 포지셔닝 전략을 개발했다면, 재치료나 재치료 예방을 위한 니즈를 갖고 있는 목표 소비자에게 설득력을 높일 수 있는 마케팅 커뮤니케이션 플랜을 짤 필요가 있겠죠.

재치료 수요 및 시술의 차별적 가치를 고려해 목표 시장을 기존보다 더 넓힐 수도 있습니다. 가령 주 공략 시장과 인접 지역의 2차 목표 시장으로 나누어 단계별로 또는 동시에 효율적 포션을 가지고 마케팅을 운영할 수도 있죠.

이러한 목표 시장에서 우리 병원과 유사한 시술을 하는 병원으로 인지도가 높은 편이거나 기존 시술에 대해 활발한 마케팅 활동을 벌이고 있는 경쟁 병원들의 마케팅 행태를 파악하고 강점과 약점을 분석해보세요.

이렇게 하여 경쟁군보다 선택률을 높이기 위한 전략적인 마케팅을 전개해야 합니다. 목표 소비자는 경쟁군과 우리 병원의 유사점과 차별점을 비교 탐색하기 때문에 특히 마케팅 콘텐츠의 설득력은 중요합니다.

TwobeOne

수년 전 집행된 대학병원 광고들. 각각 암 치료 병원으로서의 우수성(적정성 평가와 편리한 접근성), 암 관련 전문센터 운영, 첨단 치료 시설과 시스템, 여성암 치료 병원으로 포지셔닝 하고 있습니다. (의도했든 안했든)

포지셔닝 전략이 소비자의 접점에서 구현되는 병원마케팅 콘텐츠들은, 매체 집행 계획을 짠 후 각 매체 특성을 고려해 개발될 수도 있고, 먼저 포지셔닝 전략이 반영된 메인 콘텐츠를 개발한 후 이를 효율적으로 전달할 매체들을 선별해 집행할 수도 있습니다.

홈페이지, 검색 광고, 블로그나 카페, 지식인, 뉴스 등의 콘텐츠들, 매체별 광고, 별도의 랜딩페이지, 영상, 병원 내부의 광고 및 홍보물 등 다양한 마케팅 콘텐츠들을 이처럼 전략적으로 개발해야 합니다.

대외적 마케팅에 의해 소비자가 상담과 내원이라는 액션을 취할 때 각 접점별로도 포지셔닝 전략이 일관되게 실현되도록 MOT(Moment Of Truth:고객 접점마다 병원브랜드가 지향하는 가치, 약속, 신뢰를 일관되게 경험하게 하는 일이라고 이해하시면 되겠습니다. 이 책 후반에 상세히 다루고 있습니다.), 진료 시스템, 고객 관리 등이 잘 이루어져야 합니다. (대내·외 포지셔닝 전략을 구현하는 통합적 마케팅 커뮤니케이션에 대해서는 다음 장에서 상세히 공부하기로 해요.)

포지셔닝 전략의 마케팅 실행 후에는 주기적인 피드백이 필요합니다. 만약 문제가 발생했다면, 그것이 마케팅의 문제인지 포지셔닝 전략의 문제인지 판단하여, 포지셔닝 전략을 조정하거나 마케팅 전략을 수정해야 합니다.

진료와 관련한 병원브랜드 포지셔닝 전략은 앞서 말씀드린 것처럼 시의적이어서 경쟁 상황과 목표 소비자의 변화를 파악해 나가면서 리뉴얼을 해야 할 수도 있습니다.

병원브랜드 포지셔닝이 반드시 병원의 큰 변화를 전제로 하는 것은 아닙니다. (대체로 그렇습니다.) 진료상품 질과 기존 진료 시스템의 문제가 그닥 크지 않다면, 목표 소비자의 니즈와 연결하여 진료 가치의 설득력을 높이거나 새롭게 주목하게 하는 방향으로 포지셔닝 전략을 개발할 수 있습니다.

가령 노안·백내장 수술을 잘하는 안과인데 목표 소비자들이 규모가 큰 병원이나 강남권을 고려하는 경향이 크다면, 수술 경험이 많은 의사가 지속적으로 책임 관리를 하는 병원으로 포지셔닝함으로써 수술의 신뢰성과 이용 편의성의 니즈에 부합하도록 하여 선택률 증가를 도모할 수 있겠죠. 이러한 브랜드 포지셔닝 전략이 소비자 접점의 매체별 마케팅 콘텐츠와 병

브랜드 포지셔닝 전략 하의 마케팅 실행에 의해 목표 소비자 선택률을 크게 높인 안과 사례 (투비원)

리뉴얼, 병원브랜딩 마케팅 실무

원 내부 마케팅, 진료 체험 관리 등을 통해 실현될 수 있다면 말이죠.

　병원브랜드 포지셔닝 전략이 개발되고, 이를 실현할 때는 성공을 위해 과감한 투자가 필요할 수 있습니다. 간혹 포지셔닝 전략에 따른 마케팅 리플래닝을 하고, 그로 인해 병원홈페이지 등 주요 마케팅 콘텐츠들의 리뉴얼 또는 진료 시스템 개발 등 크고 작은 변화들을 진행해야 할 필요가 있을 때, 홈페이지를 제작한 지 얼마 안 되었다며 기존 마케팅 상태를 유지하려고 하는 병원들이 있는데요. 포지셔닝의 실행은 부분적인 것이 아니고 병원브랜딩 전반에 영향을 주고받는 중요한 것이며, 소비자의 쉽지 않은 인식을 우리가 원하는 방향으로 형성하기 위한 것이므로 제대로 리세팅·리뉴얼이 될 수 있도록 투자해야 합니다.

병원브랜드 리포지셔닝하기

리포지셔닝이란 말 그대로 브랜드의 기존 포지셔닝을 바꾸는 것입니다. 가령 햇반이 간편하게 먹을 수 있는 밥으로 포지셔닝 되어 있다가 집밥에 대한 소비자 니즈와 유사 경쟁 제품들과의 경쟁을 의식해 '맛있는 집밥'으로 리포지셔닝한 것이 한 예입니다.

병원의 경우에는 기존 포지셔닝이 더 이상 병원브랜드 성장에 도움이 되지 않는다거나 브랜드 인식을 왜곡시키는 문제가 있다고 판단할 때 주로 리포지셔닝을 하게 됩니다.

가령 주력 진료가 한 가지가 아닌데 특정 진료 병원에 대해서만 포지셔닝 되어 있어서 다른 진료에 대한 인식이나 경쟁력에 대한 공감은 약화된다면 리포지셔닝이 필요합니다.

또는 병원브랜드 아이덴티티와 연관성이 낮은 새로운 진료를 추가 운영하고자 할 때, 기존 포지셔닝과 다른 리포지셔닝이 필요합니다.

이외에도 다른 니즈의 목표 소비자로 변경해야 하는 경우 등 다양한 이유로 병원브랜드의 기존 포지셔닝을 변경하는 리포지셔닝이 필요할 수 있습니다.

그런가 하면 포지셔닝 후 경쟁 상황의 변화에 따라 리포지셔닝이 이루어져야 할 수도 있습니다. 가령 주력 진료상품 시장이 성숙시장이 되어 더이상 새로운 가치를 어필하기도 어렵고, 시술 경쟁력이 평준화되어 가격 경쟁 속에 들어가게 되었다든가 하는 상황 변화에 의해 전략적으로 리포지셔닝이 필요하게 됩니다. (물론 병원이 성숙시장의 진료상품에만 의존한다면 병원브랜드의 성장은 어려워집니다. 사전에 성숙시장으로 가는 진료상품 외의 리노베이션이 준비되어야 합니다.)

이런 상황을 감지하면 최대한 빨리, 기존 우리 병원에 대해 고객층에게

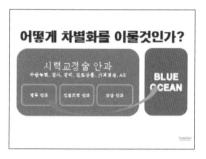
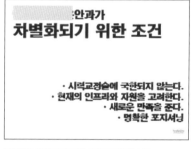

병원 주력 진료상품의 시장 상황 변화에 따른 리포지셔닝 전략 기획서 중 (투비원)

인식시켜온 병원브랜드 포지셔닝(또는 고객들이 자발적으로 인식해온 병원에 대한 고정화된 인식의 내용)을 새롭게 리포지셔닝하거나 제대로 수정해야 합니다.

우리 병원의 진료가 경쟁 상황에서 어떻게 포지셔닝 되고 있는가, 목표 소비자가 선택할 이유가 명확하고 지속성이 있는가에 대해 검토하고 필요한 리포지셔닝을 하지 못한 채, 그저 특정 진료과의 병원으로 인지시키고자 하는 마케팅만 단순하게 이루어지고 있다면 결국 병원은 고객의 선택을 받기가 점점 어려워지고 병원 성장에 문제가 생기게 됩니다.

목표 소비자가 우리 병원을 어떤 병원으로 인식해왔는지, 진료상품별로 어떤 경쟁군과 함께 고려하게 되는지를 파악해 전략적 포지셔닝을 하지 못하고 병원브랜드 인식의 왜곡이 일어난다면, 병원브랜드 리포지셔닝을 고려해야 합니다.

리포지셔닝에서 고려할 것들

리포지셔닝은 포지셔닝보다 더 고려할 것이 많아집니다. 포지셔닝 전략을 짤 때와 마찬가지로 사전에 필요한 자료들을 취합하고 분석하고 통찰하는 과정뿐 아니라, 그간의 병원마케팅과 MOT에 의해 기존 고객층에게

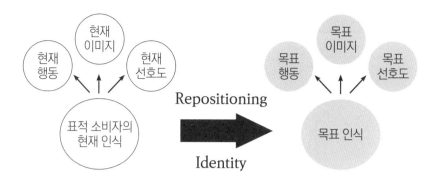

리포지셔닝은 기존 포지셔닝 된 병원브랜드에 대한 목표 소비자의 인식을 바꾸어 우리 병원을 새롭게 주목하고 선택하도록 하는 일입니다.

인식되어진 병원브랜드의 이미지나 고착된 인식의 내용 등, 새로운 방향의 포지셔닝으로 바꾸는 과정에서 작용할 요소들의 파악도 필요합니다.

가령 특정 진료 전문 병원으로 포지셔닝(혹 오해하실까 봐 말씀드리는데, 의료광고법에 의해 '전문'이란 표현을 사용할 수 없다는 것과 포지셔닝에서 병원브랜드 콘셉트를 특정 진료 '전문 병원'으로 설정하는 것은 다른 차원의 이야기입니다. 브랜딩에 대해 잘 모르는 병원 원장과 마케터들이 이런 점을 혼동하는 경우들이 있더군요.) 해온 병원이 별다른 고민 없이 기존 주력 진료와 연관성이 낮고 목표 소비자도 다른 진료상품의 병원브랜드로 리포지셔닝한다면, 한동안 기존 포지셔닝 된 이미지 때문에 어려움을 겪을 수 있습니다.

그간 병원광고나 마케팅 콘텐츠들에 의해 포지셔닝 되어온 병원의 특정 이미지가 형성되어 있기 때문에 새로운 진료상품에 대한 신뢰 형성에 영향을 받게 되는 것이죠. 추가 또는 변화의 중심에 있는 진료상품에 대한 병원브랜드의 리포지셔닝을 위해 전략을 개발·적용하고, 소비자의 인식 전환이 이루어지기까지 기다려야 할 수 있습니다. (물론 그 전에 병원브랜딩 측면에서 진료상품 확장에 대해 전략적 고민을 해야겠지만요.)

이처럼 리포지셔닝을 해야 할 이유와 그 과정에서 작용할 요소들, 주요 문제 사안을 충분히 고려한 현실적인 리포지셔닝 전략을 짜지 못하면, 목표 시장의 경쟁 상황에서 병원이 목표로 하는 수익 증대와 성장의 효과를

목표 소비자의 커뮤니티에서 특정 병원에 대한 기존 포지셔닝된 인식이 확산되어 새로운 진료상품에 대한 설득력을 잃는 경우가 있습니다. 리포지셔닝 전략 개발과 실행이 필요합니다.

기대하기 어려워집니다.

리포지셔닝 전략은 병원마다 다르게 설계되지만 큰 방향에서 몇 가지 유형을 든다면, 우선 병원의 브랜드 아이덴티티와 차별적 가치 요소 등 병원브랜드의 본질적인 부분을 리포지셔닝이 필요한 진료상품에도 적용하는 경우를 생각할 수 있습니다.

가령 임신과 출산을 위한 병원으로 브랜딩을 해온 산부인과가 수익성을 고려해 부인과 수술로 리포지셔닝을 해야 할 때, 그간 병원브랜드의 주요 가치로 인식되어온 의료진의 신뢰를 리포지셔닝 대상인 부인과 수술에도 적용해, 동일한 신뢰를 형성하면서 수술에 대한 경쟁력을 새롭게 어필할 수 있습니다.

또 한 가지 리포지셔닝 유형으로, 추가 확장하는 진료상품을 기존 진료상품과 유기적으로 결합해 기존 병원브랜드 포지셔닝에서 오버랩되는 식의 전략을 고려할 수 있습니다.

예를 들면, 척추·관절 치료 전문 병원이 내과 진료상품을 도입해 목표 소비자의 유입 다변화를 꾀하고자 할 때, 기존 척추·관절 치료 분야와 내과의 유기적 결합에 의해 내과 질환이 있는 척추·관절 환자들에게 통합적 진료의 효율성과 협진에 의한 수술 안전성을 어필하는 병원브랜드로 리포지셔닝할 수 있습니다.

애초에 브랜드 포지셔닝이 제대로 되어 있지 못한 병원이라면 브랜드 아이덴티티부터 점검하고 제대로 리포지셔닝을 하여 성장해 나가는 것이 바람직할 수 있습니다.

그런데 앞서 말씀드린 것처럼 병원브랜드의 포지셔닝과 리포지셔닝은 목표 소비자의 인식을 형성하거나 바꾸는 일이기 때문에 단기간에 쉽게 이

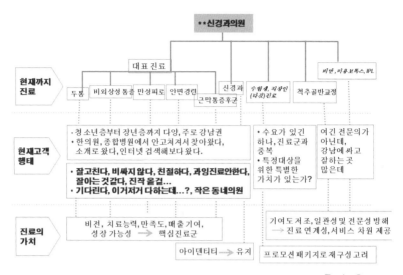

수년 전 다양한 진료상품을 운영하면서 정체를 맞은 병원의 리포지셔닝 전략을 개발한 경우 (투비원)

루어질 수는 없습니다. 대내·외 통합적 마케팅과 MOT 등을 통한 병원브랜딩으로 디테일한 접점마다 일관성 있게 고객 체험이 이루어지고, 동일한 인식을 형성하게 해야 하는 것입니다.

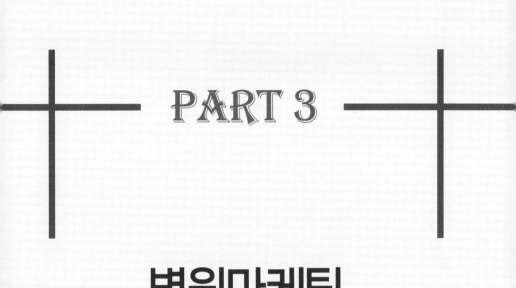

PART 3

병원마케팅
전략적으로 하기

다시 알아야 할 병원마케팅

2011년 출판된 『다시! 알아야 할 병원마케팅』에서, 병원마케팅은 필요에 따라 병원을 노출하는 수준으로 운영해서는 안 되며 병원브랜딩을 전제로 전략적으로 해야 한다고 강조했습니다. 병원이 경쟁 상황에서 차별적 가치를 개발하고 대외적 마케팅에서부터 내원 시의 다양한 고객 접점에 이르기까지 일관된 신뢰와 인식을 형성하게 하는 전략적 제반 행위들, 즉 병원브랜딩을 실천해야 병원이 지속적으로 성장하고 경쟁력을 갖춘 브랜드가 될 것이란 점을 다양한 병원 사례들을 통해서 역설했습니다.

그러나 현재도 병원마케팅이라고 하면, 병원의 진료상품과 관련한 키워드 광고를 예산에 맞춰 운영하고, 블로그나 뉴스, 카페의 상위 노출, 온라인 배너 광고, 지하철이나 버스, 옥외 매체 광고 등을 선별적으로 집행한후 상담 문의나 내원 수를 집계하여 매체 운영을 조정하거나 병원마케팅 업체를 교체하는 식이 일반화되어 있죠.

또는 효과가 있을 것이라 여겨지는 매체의 광고나 바이럴 마케팅 같은 툴의 변경 또는 추가, 랜딩페이지 제작이나 유튜브 채널 운영이라는 새로운 시도 등을 경쟁군 따라가기 식으로 진행하는 경우도 흔합니다.

그러나 우리 병원의 브랜딩 전략에 대한 고려 없이 실행 중심의 병원마케팅을 운영하면 성과 없이 마케팅 비용만 빠져나가는 '매몰비용'이 늘기 쉽습니다.

진료별로 많은 경쟁군 속에서 소비자의 선택을 받아야 하는 상황을 염두에 두세요. 소비자가 소비자를 학습시키는 커뮤니티의 활성화, 경험담 공유의 병원마케팅 환경 또한 고려하여 마케팅을 운영해야 합니다.

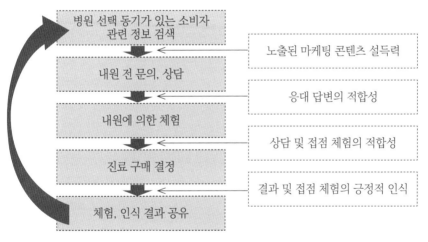

진료별 목표 소비자의 다양한 접점별 전환성, 병원 체험의 공유에 의한 새로운 소비자 학습 효과와 순환 구조의 병원마케팅 환경을 이해해야 합니다.

결국 목표 소비자의 인식이 우리가 기대하는 방향으로 작용하기 위해서는 경쟁군과 차별화된 가치로 인식하게 하는 브랜딩 전략의 관점에서 접점별로 일관된 마케팅을 해야 하는 것입니다. 대외적으로 우리 병원을 인지하게 하는 일부터, 이후 문의 및 예약, 내원 후 상담, 진료 등을 통해 병원브랜드 체험을 하게 되는 고객들에게 일관된 브랜드 포지셔닝에 대한 인식, 차별적 가치에 대한 공감을 일으키도록 하는 통합 마케팅(IMC : Integrated Marketing Communication)이 중요합니다.

병원의 통합 마케팅 바로 알기

진료와 관련하여 병원들을 비교 탐색해서 신중하게 선택하는 소비자에게는 우리 병원 외에도 선택할 수 있는 유사 가치의 병원들이 많은데다, 더 유리한 조건을 제시하는 병원이나 잘못 선택해서 손해를 보았다거나 문제가 발생했다는 후기의 병원도 쉽게 검색될 수 있습니다.

따라서 소비자가 목적에 두는 진료를 위해 병원을 검색하는 과정에서 우리 병원이 잘 노출되어야 할 뿐 아니라, 경쟁 병원들과의 비교에서 더 낫다는 생각이 들게 해야 합니다. 또한 마케팅 효과에 영향을 미치는 병원 체험 평판도 사전에 관리해야 합니다.

이처럼 병원마케팅은 우리 병원을 모르는 목표 소비자의 검색 과정에서 발견되고, 경쟁군보다 신뢰할 수 있는 콘텐츠를 통해 선택되고, 상담과 내원의 다양한 체험을 통해 마케팅에서 어필한 가치가 확인, 입증되어 긍정적 여론을 형성하게 하는 모든 과정을 포함합니다.

브랜드 포지셔닝 전략을 반영한 대외 매체별 콘텐츠뿐 아니라, 고객의 다양한 접점별 체험에서 병원브랜드 인식을 형성하게 하는 원내 마케팅과 온라인 마케팅을 활발히 하는 병원인데, 정작 인터넷에서 병원 이름을 검색하면 카페의 불만 글이 쉽게 노출되는 상황. 병원브랜딩을 고려하지 않고 마케팅만 집중하면 이런 악순환이 발생할 수 있습니다.

MOT에 이르기까지 일관성 있는 가치와 신뢰를 느낄 수 있도록 하는 통합 마케팅이 필수적이라 할 수 있습니다.

우리 병원이 실제 진료별 상이한 경쟁력이나 강력한 경쟁군의 마케팅 상황 등을 고려하지 못한 채, 경쟁군과 유사한 마케팅 콘텐츠와 메시지를 가지고 매체 노출만 한다면 비용 대비 효과를 거두지 못하는 매몰비용이 높아질 수 있습니다.

또 대외 마케팅을 통해 유입된 고객층에게 차별적 신뢰를 일관되게 형성하는 병원 내부 마케팅, 진료 시스템, MOT 등 내부에서의 전략적 노력이 없다면 구매 결정이 제대로 이루어지기 어렵습니다. 마케팅 비용을 지불하고도 경쟁 병원으로 잠재 고객이 이탈하는 일들이 일어나 역시 매몰비

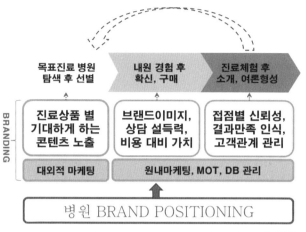

소비자가 우리 병원 고객이 되어 다른 소비자에게 선순환을 일으키는 주요 과정별로 관여하게 되는 대외적·대내적 마케팅과 MOT 등은 병원브랜드 포지셔닝을 반영한 통합 마케팅 전략에 의해 일관성 있게 실현되어야 합니다.(병원브랜딩 강의 자료 중)

용이 발생할 수 있습니다.

진료 결과와 후관리까지, 진정성이 느껴지는 의료진의 태도와 결과의 만족도조차 마케팅 관점에서 소홀히 할 수 없습니다. 불만 후기들과 부정적 여론이 마케팅에 의해 우리 병원의 잠재 고객층이 될 이들의 이탈을 야기하게 되기 때문입니다.

이처럼 병원마케팅은 본질적으로 병원브랜딩 전략에 기반해 체계적이고 일관된 운영을 해야 하는 것이어서 전략 수립과 통합적 운영의 노하우가 필요합니다. 즉, 대외적 마케팅과 병원 내부 마케팅 모두 전략적으로 일관성 있게 진행되어야 합니다. 소비자 인식이 형성되기까지 충분한 기간에 지속적으로!

『다시! 알아야 할 병원마케팅』에서도 말씀드린 바 있듯이 마케팅은 '인

식의 싸움'입니다. 쉽게 바뀌거나 형성되기 어려운 소비자 인식 속에 경쟁
군 병원들보다 우리 병원의 브랜드를 우위의 위치에 심는 전략적 노력들입
니다. 과대 포장이나 허구가 아니라, 소비자에게 진정성 있게 다가가는 전
략적 마케팅 커뮤니케이션이어야 합니다. 궁극적으로는 고객의 체험을 통
해 가치를 공감시키고, 그로 인해 자연스럽게 병원브랜드에 대한 인식이
목표 소비자들에게 형성되게 하는 일이죠.

더군다나 제품과 다른 진료상품에 대한 마케팅은 그 특수성에 따른 심
리적 요인을 고려해야 하고, 고객의 다양한 세부 접점의 체험 과정을 포함
하기 때문에 병원에 맞는 전략을 세우는 것이 중요합니다.

병원마케팅은 어떠한 것이어야 하는지를 알았다면, 이제 중요한 통합
마케팅(IMC) 전략을 세우기 위한 준비를 해봅시다.

병원마케팅 전략 개발을 위한 준비

앞서 마케팅 전략을 세우기 위해서는 브랜드 포지셔닝 전략이 전제되어야 한다고 말씀드렸는데요. 그 전제가 되어 있다면 우리 병원에 대한 포지셔닝 콘셉트를 어떤 이들에게 어떻게 인식시킬 것인가에 대한 체계적이고 통합적인 마케팅 전략을 설계해야 합니다.

그러려면 먼저 진료별 마케팅의 목표 소비자(내원 가능성이 있는 이들)를 설정하고, 그들의 니즈와 병원 이용 행태를 알아두어야 합니다. 한 병원이라도 운영하는 진료별로 접근 가능한 지역, 주 연령, 니즈, 이용 행태들이 다른 경우가 많습니다. 진료 목표 소비자에 대해 사전에 파악해두어야 설득력을 높여 실제 성과를 낼 수 있는 마케팅 전략 개발이 가능합니다.

또한 진료별 경쟁 상황도 면밀하게 파악해 보아야 합니다. 목표 소비자가 우리 병원 대신 선택할 가능성이 높은 경쟁 병원들의 마케팅 행태, 콘텐츠, 주로 강조하는 키Key 메시지, 그들의 품평 등에 대해 파악해 마케팅 전략 개발에 참고할 수 있어야 합니다.

그리고 우리 병원이 진료별 어필해야 하는 포인트, 전략적으로 포지셔닝 할 키Key 메시지나 키워딩을 개발하기 위해 근거 자료들을 파악해야 합니다. 그다지 압도적으로 차별화될 만한 포인트가 없다는 원장들도 적지 않습니다만, 앞서 말씀드렸듯이 마케팅은 인식의 싸움입니다! 소비자의 니즈, 경쟁군의 (마케팅 상의) 약점 속에서 기회 요소를 포착하여 마케팅 이슈를 정해볼 수도 있습니다.

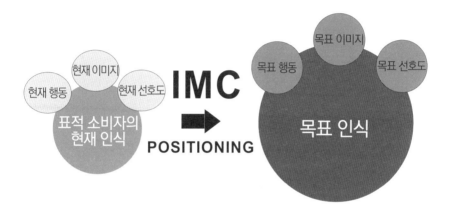

앞서 병원마케팅은 대내·외의 접점별 일관된 포지셔닝 콘셉트가 전달되도록 통합적으로 운영되어야 한다는 말씀을 드렸습니다. 이에 따라 내원을 앞두고 있거나 내원 후 진료 관련 체험을 하고 치료가 종료된 후 등 다양한 접점별 마케팅 포인트도 생각해두어야 합니다.

이뿐 아니라 진료와 병원 정보를 검색하는 목표 소비자에게 우리 병원이 노출될 매체를 예산과 효율성을 고려해 운영하려면, 먼저 다양한 매체에 대한 이해도 필요합니다. 목표 소비자가 이용하고 유입되는 경로의 매체와 마케팅 툴들에 대해 그 효과, 단가, 운영 로직 등을 어느 정도라도 알고 있는 것이 좋습니다.

대행사에 맡기고 모르는 것을 당연시하는 원장들도 있는데, 대행사가 우리 병원에 맞게 잘 운영하고 있는지 점검이 필요합니다. 마케팅의 기본 지식이 없으면 대행사 관리나 교체, 마케팅 문제 파악과 개선을 위한 합리적 검토가 어렵습니다.

마케팅 비용을 지출하면서 성과와 문제점을 주기적으로 파악하고 수정·보완해가기 위한 피드백 시스템도 마련되어 있어야 합니다.

매체별 주효한 마케팅 콘텐츠에 대해 포지셔닝의 반영 상황, 경쟁군 콘텐츠와의 변별력, 소비자의 반응을 이끌어낼 수 있는 주목성과 설득력 등을 파악할 수 있는 안목도 갖추는 것이 좋습니다.

이상에서 알 수 있듯이 우리 병원에 적합하고 전략적인 마케팅 운영을 위한 준비는 단순하지 않습니다. 좀 더 구체적으로 알아보지요.

통합 마케팅 전략 개발에 필요한 것들

통합 마케팅 전략을 세우려면 먼저 앞서 소개한 전략 개발 과정에 필요한 자료를 조사해야 합니다.

진료별 마케팅의 목표 소비자를 파악하기 위한 조사를 할 때는 그간 상담이나 내원을 한 고객들의 지역, 연령, 니즈, 선택 동기, 관심사안 등과 함께 연관성 있는 커뮤니티의 상황을 파악해봅니다. 어느 지역 병원까지 고려하는지, 특히 어떤 점을 염두에 두는지, 어떤 연령대와 상태의 소비자들이 관심을 갖는지, 어떤 체험담이 공유되는지 등등 보다 입체적인 소비자 자료를 파악하는 것이 전략 개발에 유용합니다.

또한 목표 소비자는 실제 진료를 받는 환자와 일치하지 않을 수도 있다는 것을 이해하고 그에 대해서도 파악해두어야 합니다. 병원의 마케팅 활동에 영향을 받아 가족이나 지인의 내원을 독려하거나, 내원 체험의 판단을 통해 진료 구매 결정을 할 수 있는 주체들이죠. 가령 고령자의 자식이나 소아 환자의 부모, 남자친구나 남자 형제, 남편, 아들을 내원시킬 여성 소비자들이 마케팅에서 더 의미 있는 소비자가 될 수도 있는 것입니다.

이런 경우, 내원을 유도하거나 진료 구매를 결정하게 되는 대리인의 니즈, 우려하는 바, 이익 등을 최대한 파악해보고, 그에 대한 마케팅을 생각할 필요가 있습니다.

마케팅은 경쟁관계를 전제로 하는 것이므로, 경쟁군의 마케팅 활동도 다각적으로 파악해야 합니다. 여기서 먼저 짚고 넘어갈 것은, 우리 병원의 경쟁자는 유사 진료 운영이나 동종 규모의 병원만이 아니라는 것입니다. 가령 피부 시술 상품에 대해 대형 강남 병원, 인접 지역의 활발한 마케팅을 하는 병원, 한방 치료를 하는 병원, 비의료기관으로서 마케팅을 하는 피부 관리실, 홈케어 기기 등 소비자가 우리 병원 진료 대신 선택할 가능성이 있는 대상은 경쟁군이 됩니다.

이러한 경쟁군의 마케팅 행태와 전달되는 메시지, 그에 대한 소비자 반응, 점유율 등 유의미한 관련 자료들을 파악하는 것이 필요하겠습니다. 이를 토대로 경쟁군의 마케팅보다 유리한 설득력을 확보하고 차별점을 모색하거나, 틈새 공략, 2인자 전략 등 우리 병원에 유리한 마케팅 전략을 고려해야 합니다. 목표 소비자가 우리 병원을 선택하느냐 다른 대안으로 빠져나가느냐의 문제니까요.

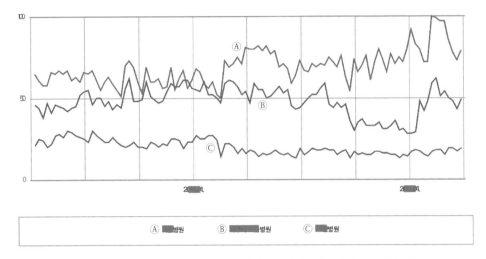

동일 목표 시장에서 경쟁하는 주요 병원들에 대한 각 네이버 검색량 추이 비교 자료. 경쟁상황에 대해 객관적으로 파악하여 합리적 마케팅 전략을 개발하는 것이 주효합니다.

마케팅 실행에서 어떤 매체와 마케팅 툴을 이용할지를 결정하고 각 매체 속성에 적합한 콘텐츠와 크리에이티브를 개발하기 위해서는 매체에 대한 자료도 파악해야 합니다.

병원마케팅에서 많이 애용되는 인터넷(모바일) 검색 마케팅 툴, SNS, 유튜브 채널, 병원 어플, 지역 오프라인 매체 같은 대외적 마케팅 툴뿐 아니라 내원 고객 대상의 마케팅 툴, 그리고 새로운 매체나 툴의 개발에 이르기까지 우리 병원과 목표 소비자를 연결해주는 매개체들을 폭넓게 이해할 때 우리 병원에 효과적인 매체들을 제대로 선별해낼 수 있습니다.

매체에 대한 자료 조사가 매체사에서 제공하는 수준 정도에 머물러서도 안 되겠죠. 매체의 속성과 노출 및 도달 수준, 매체 운영 요건, 예상되는 효과뿐 아니라 우리 병원에 내원할 가능성이 있는 소비자들의 매체 이용

리뉴얼, 병원브랜딩 마케팅 실무

행태를 가급적 정확도 높게 파악하는 등 세세한 것들에 대해서도 충분히 고려되어야 합니다.

목표 소비자의 접근 범위와 가능성에 대한 예측도 매체 운영을 포함한 마케팅 전략 개발에 필요한 준비사항입니다.

유사 수준의 동종 진료를 하는 병원들이 많기 때문에 멀리서 시간과 비용을 더 들여 우리 병원을 찾아올 가능성은 전반적으로 크지 않습니다. 특히 내과나 가정의학과 같은 일상적 진료 위주의 의원들, 스케일링이나 충치, 틀니 치료를 하기 위해 찾는 치과, 산부인과같이 고객의 몸 상태에 의해 장거리 이동이 불편하고 외래 진료를 종종 받아야 하는 경우 소비자는 병원의 인접성과 편리한 접근성을 중시합니다.

수술상품도 치열한 경쟁 상황에 놓인 만큼 진료 경쟁력이 충분히 어필되고 접근성과 편의성이 좋아야 보다 먼 거리의 소비자들을 어느 정도 내원시킬 수 있습니다. (유명 3차 의료기관이 아니라면 말이죠.) 가령 KTX로 왔다 당일 시술 받고 내려가서 재내원을 하지 않아도 되거나 한두 번으로 최소화할 수 있는 경우죠.

병원의 접근성, 편의성을 높인 진료 시스템과 MOT 도입 여부, 진료 질의 높은 진입 장벽 여부 등에 따라 어느 지역까지 목표 시장을 설정하고 마케팅 매체를 운영할 것인지 정해야 합니다. 이를 위해 우리 병원의 진료별 SWOT 분석, 목표 소비자의 관련 인식과 병원 이용 행태 파악, 매체 이용 행태와 정보 탐색 행태 등 유의미한 자료를 조사하는 것이 필요하죠.

이제 마케팅 전략 개발, 실행과 피드백의 각 단계별로 보다 세세하게 살펴보겠습니다.

병원마케팅 전략 개발하기

병원마케팅에 대한 상담을 하다 보면 "온라인 마케팅 업체와 키워드 광고 얼마, 바이럴 마케팅 얼마를 집행했는데, 이제 매출이 안 오른다."는 얘기를 종종 듣습니다. "우리도 저 병원처럼 해보면 효과가 있지 않을까?" 하는 말을 들을 때도 있습니다. 후발주자로 개원하면서도 마케팅에 대해서는 거의 모르는 원장들도 간혹 있었죠.

내과, 가정의학과, 소아청소년과 등 소위 보험과 진료 위주의 지역 의원들은 '굳이 마케팅을 해야 하나?' 하는 생각을 갖고 있는 경우도 많은데요. 그러면서도 내원 환자 수가 줄어드는 것에 대해서는 전전긍긍하고, 비만이나 피부 시술 배너 광고를 병원 안에 세워두며 떨어진 매출의 자구책을 고심하는 의원들도 많습니다.

나름 마케팅을 꾸준히 해오는 병원들 중에는, 지역의 문턱을 넘어올 만큼 독보적인 진료상품이 있는 것이 아님에도 불구하고 내원 가능성이 낮은 지역까지 광고를 불필요하게 집행함으로써 투자 비용 대비 성과를 거두지 못한(매몰비용을 늘린) 경우도 있습니다.

병원의 진료상품 광고의 랜딩페이지(홈페이지 콘텐츠) 전환성이 낮아, 클릭 후 이탈률과 매몰비용만 늘린 경우들도 왕왕 있습니다. 키워드 검색 광고 문구를 연관성이 떨어지는 진료상품 검색 상황에까지 기계적으로 적용해서 클릭률이 낮아지는 경우도 많죠.

지역 버스, 버스정류장, 지하철 역사, 지하철 차량 내부, 마트 카트 등 오프라인 매체에 광고를 집행한 병원들이 광고에 의해 온라인에서 검색되는 상황까지는 고려하지 못해, 광고를 통해 병원을 검색하는 소비자에게 간호조무사 모집 광고나 카페 불만 글이 노출되도록 방치하는 경우들도 있습니다.

그리고 상당수의 병원은 대외 마케팅은 신경쓰지만 내원 고객에 대한 병원 내부에서의 마케팅은 방치 수준이어서, 대외 마케팅과의 일관성이 떨어집니다. 대기실 자료들은 고객의 눈길을 잡기 어렵고, 상담 자료 역시 설득력이 미흡하거나 준비되어 있지 못한 경우들이 많습니다. 상담 후 진료 동의를 하지 않고 이탈하는 고객 수가 무시할 수 없는 수준인데도 방관하거나 대책을 마련하지 못하는 병원들이 적지 않습니다.

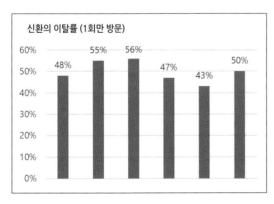

대외적 마케팅을 통해 상담·내원이 이루어졌어도 진료 동의를 하지 않고 이탈한다면 마케팅 투자 비용은 매몰될 뿐 아니라, 병원에 대한 부정적 여론 형성으로 이후 마케팅에 악영향을 미칠 수 있습니다.

모두 통합 마케팅에 대한 병원들의 낮은 관심과 인식 수준의 현실을 보여주는 예들인데요. 이처럼 병원마케팅을, 매체 집행을 통한 노출의 관점으로만 바라보고 '비보험과' 병원들이나 하는 '유가有價의 고객 유치 행위' 정도로 이해하는 편협함이 병원의 마케팅 효율성을 떨어뜨리고 병원의 성장을 가로막고 있습니다. 병원마다 각자의 마케팅 상황에 맞는 통합적이고 효율적인 마케팅 전략을 고민하지 않고, 다양한 소비자 접점과 소비자의 냉정한 태도까지 고려하지 못한 채 다른 병원들의 일반적인 마케팅 행태 안에서만 움직이는 것이죠.

그러나 『다시! 알아야 할 병원마케팅』과 이 책에서 앞서 강조해온 것처럼, 치열한 경쟁 상황에서 목표 소비자에게 우리 병원에 대한 차별적 인식을 형성시켜 우리 병원을 선택하도록 기능케 하는 것이 마케팅이라 할 때 이러한 병원들의 마케팅에 대한 인식과 행태는 매우 우려스럽습니다.

병원 현실을 고려한 병원마케팅 전략 짜기

마케팅 전략을 짤 때는 우선 우리 병원이 마케팅을 통해 달성하고자 하는 목표를 명확히 하고, 마케팅을 하는 시점의 병원 경쟁 상황과 현실을 고려해야 합니다.

가령 이제 막 개원한 병원이나 주력 진료상품 외에 새로운 진료상품을 레드오션에서 론칭하는 경우처럼, 후발주자로서 시장에 빠르게 진입하는 것을 마케팅 목표로 설정한다면 기존 경쟁 병원들과 다른 편익이나 우위의 신뢰성을 강력하게 전달하는 메시지와 콘텐츠(치료 사례와 고객 후기 같은 병원 신뢰에 대한 입증 자료의 미비함을 상쇄시킬 차별적 가치를 가시화한 홈페이지, 블로그 등 마케팅 콘텐츠)의 개발과 노출이 중요합니다.

수년 전 피부과 개원 당시 차별적 가치와 그를 반영한 브랜딩 및 마케팅 전략을 개발한 사례 일부(투비원). 경쟁군과 소비자 니즈를 분석하고, 병원브랜드의 차별적 가치 요소를 파악해 개발합니다.

후발로 시장에 진입하려는 병원들이 진료상품과 병원 이름 나열의 진부한 병원광고를 온·오프라인 매체에 집행하는 것만으로 원하는 마케팅 목표를 이루기는 힘들 것입니다. 비슷한 병원광고들 속에서 소비자에게 주목받기도 어렵지만, 병원브랜드의 경쟁력을 어필할 자료가 미비하면서 경쟁 병원들과 유사한 방식으로 보인다면 소비자의 비교 상황에서 더 불리해질 수 있습니다.

가급적 경쟁 병원들의 광고 메시지와 다르면서 목표 소비자의 병원이나 질환 관련 정보 수준을 뛰어넘는 새로운 이슈를 만들 수 있는 메시지(포지셔닝 콘셉트)를 전략적으로 개발하고, 랜딩페이지(홈페이지 상세페이지)에서 이를 구체적으로 입증하는 콘텐츠를 구성하는 것이 효과적입니다.

마케팅 예산이 적을 때, 진료의 목표 시장 범위가 크지 않을 때, 보험과 진료 중심 지역 의원인 경우에는 일명 '울타리 지키기' 전략이 주효할 수 있습니다. 병원 접근성이 좋은 지역민 대상 마케팅에 집중하고, 내원 고객 관리를 통해 병원브랜드 충성도를 강화함으로써 경쟁 병원으로의 이탈을 방지하도록 하는 것입니다.

지역 검색 상황에서 광고·블로그·네이버 플레이스 등을 이용해 노출률을 높이고, 홈페이지·블로그 등 콘텐츠에서 진료별 차별적 신뢰를 형성하는 콘텐츠를 개발하는 것이 주효합니다.

진료를 세분화하거나 타깃 세그먼트를 통해 관련 마케팅을 진행함으로써 다양한 수요 창출과 유입 다변화, 그에 따른 병원 인지도 제고를 도모할 수도 있을 것입니다.

고객 관계 강화를 통한 자발적 바이럴 효과를 창출하고(커뮤니티 내 입소문, 소개 유발 등) 재내원 및 재구매의 선순환을 일으키도록 노력도 해야겠습니다.

한편 병원의 다양한 진료상품별로 제각각 마케팅을 하다 보니 병원브랜드에 대한 포지셔닝이 제대로 이루어지지 못하고 고객마다 마케팅에 의해 인식된 특정 진료상품의 주력 병원으로만 인식하는 등 병원 인지 왜곡이 일어난 경우도 있습니다.

이때는 병원브랜드 아이덴티티를 바탕으로 주력 진료상품들에 대한 통합적 인식이 형성되도록 병원브랜드 광고와 관련 콘텐츠들을 개발, 노출할 필요가 있습니다.

지역 맘카페들에서 공유되는 특정 병원과 의료진에 대한 정보와 품평은 목표 소비자에게 영향을
미치는 만큼 체크하고 개선의 노력을 해야 합니다.

병원브랜드 아이덴티티와 주력 진료들을 효율적으로 인식시키는 통합적 브랜드마케팅 사례(투비원)

진료상품별 마케팅을 할 때도 VI(Visual Identity:가령 병원 로고와 심볼, 컬러 같은 HI 매뉴얼과 디자인 레이아웃의 일관된 적용 등을 통해 동일 브랜드로서 이미지화하는 것)나 브랜드 슬로건을 광고와 관련 홍보물, 마케팅 콘텐츠들에 일관되게 적용해 동일 브랜드의 이미지를 형성할 필요가 있습니다.

네이버에서 병원 이름이나 병원 이름이 들어간 진료 키워드를 검색할 때 노출되는 브랜드 검색 광고를 활용해 병원브랜드 포지셔닝 효과를 구체화할 수도 있습니다. 병원브랜드를 대표하거나 상징할 수 있는 이미지, 포지셔닝 콘셉트를 카피라이팅한 타이틀과 설명 글, 주요 진료, 경쟁력 있는 진료 서비스 등을 선별해 각 텍스트 메뉴 및 썸네일 이미지로 어필하는 광고 형태로, 다양한 병원들이 운영하고 있죠.(의료광고 심의를 받아야 합니다.)

앞서 설명한 병원브랜드 리포지셔닝의 구현이나 기존 소비자에게 인식된 선입견 해소 및 원하는 방향으로의 인식 재형성을 목표로 마케팅을 해

네이버 브랜드검색 광고(PC 버전) 예시 (투비원)

야 하는 경우들도 많습니다. 이때는 우리 병원에 대한 소비자의 인식 상황을 먼저 파악해보는 것이 좋습니다.

선입견 및 이미 형성된 여론을 무시하고 마케팅을 한다면 효율성이 떨어지고 불신과 오해의 부정적 여론이 형성될 수도 있습니다. 가령 특정 진료 병원으로의 인식이 강한 상태에서 이와 연관성이 낮은 새로운 진료상품에 대한 마케팅을 진행한다면, 단순하게 병원과 진료 나열 정도의 광고로는 쉽게 수용되기 어려울 수 있습니다.

기존 병원의 장점으로 인지되는 가치나 신뢰성을 연계하여 새로운 진료 도입의 배경, 우리 병원에서 경험하게 될 특별한 가치를 구체적으로 어필하는 스토리텔링이 좀 더 설득력을 가질 수 있습니다.

인지도가 높고 선순환이 일어나는 병원이라 하더라도 마케팅을 하지 않을 수는 없습니다. 마케팅을 하지 않는 순간부터 우리 병원의 브랜드는

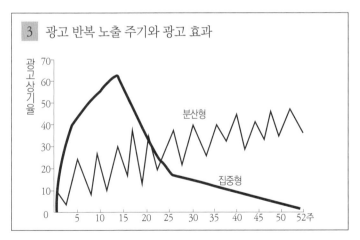

3 광고 반복 노출 주기와 광고 효과

광고(마케팅)를 단기간 집중 운영하고 이후 정지했을 때는 상기율이 그에 따라 빠르게 소멸되는 데 비해, 진행 강약을 조절하며 지속했을 때는 효과 상승이 나타남을 보여주는 기업광고 분석 예 (《광고정보》 김재휘의 '광고 노출 빈도와 광고 효과' 중 그래프 인용)

빠르게 잊히기 시작하고 다른 경쟁 병원이 마케팅에 의해 그 자리를 차지하기 때문이죠.

진료상품 시장이나 지역에서 리더 브랜드인 병원이 목표 소비자의 인식 속 자리를 유지하기 위한 마케팅, 또는 성장세의 병원이 리더 브랜드로서 포지셔닝하기 위한 마케팅은 앞서 말씀드린 개원 마케팅과는 좀 다릅니다.

브랜드 포지셔닝을 유지하면서 브랜드 로열티를 강화하는 마케팅 전략에도 신경을 써야 하죠. 고객 프로모션이나 리더 브랜드의 이미지를 강화하는 언론 홍보, 사회 공헌 마케팅, 브랜드 광고 등을 적절하게 집행할 필요도 있습니다.

이처럼 마케팅은 어느 매체에 광고를 하거나 노출을 시도하는 것만이 아니라 다양한 접점에서 우리 병원에 맞는 마케팅 목적의 커뮤니케이션을 통합적으로, 지속적으로 해나가는 것입니다. 병원마다 실제 처해 있는 각각의 포지셔닝 상황과 경쟁력의 수준, 경쟁 상황, 마케팅 목표, 그간의 마케팅에 의해 만들어진 결과들을 고려해 바른 방향의 마케팅 전략을 세우는 것이 중요합니다.

고효율 마케팅을 위한 전략 짜기

마케팅 전략에서 고려할 중요한 또 한 가지는 비용 투여 대비 효과를 높이는 효율성입니다. 우리 병원이 운영하는 진료별 소비자의 정보 검색이 이루어지는 곳곳에, 경쟁군의 마케팅이 이루어지고 있는 그곳에 마케팅이 진행될 필요가 있습니다. 하지만 예산의 한계로 저비용·고효율 마케팅이 절실하다면, 우리 병원의 목표 소비자가 주로 이용하는 매체 중 실질적 효과를 발생시킬 가능성이 높은 매체와 마케팅 툴을 선정하고, 그곳에서의 경쟁 상황, 목표 소비자의 이용 행태 등을 고려한 마케팅 전략을 짤 수 있습니다.

검색시장 점유율이 여전히 높은 네이버에서 모바일 기반 검색이 많은 상황을 고려하면 네이버에서 우리 병원 진료와 관련한 키워드별로 노출되는 카테고리들을 파악하여 모바일에 좀 더 비중을 두면서 PC와 함께 적절히 노출을 시도하는 것을 고려할 수 있습니다.

검색 키워드별로 상위 노출 화면 구성이 다를 수 있고 같은 검색어라 해도 모바일과 PC 화면 구성이 다소 다른데, 대체로 파워링크(검색 광고)와 블로그 콘텐츠가 모바일과 PC에서 주로 상위 노출되어 소비되므로 이를 기본으로 운영할 필요가 있습니다.

이중 블로그는 상위 노출되어 콘텐츠를 통해 상담으로 전환을 일으킬 수 있어야 하는데, 그렇게 되기까지 어느 정도의 시간을 요하게 됩니다.

검색 광고는 노출할 키워드를 광고 관리자 사이트에서 세팅하고 각 비용을 충전(지불)하면 빠르게 노출되므로(물론, 광고 문구의 의료 광고 심의 통과, 클릭 후 이동되는 홈페이지에 대한 네이버 검수가 있어야 하지만요.) 먼저 운영할 수 있는데, 클릭 때마다 적지 않은 비용이 빠져나가기 때문에 우리 병원 상황에 맞춰 효율적으로 운영해야 합니다. (병원이 정해놓은 1일 한도액을 소진하면 광고 노출도 되지 않습니다. 고효율적 운영에 대한 설명은 「마케팅 전략 실행과 피드백」 편에서 다루도록 하겠습니다.)

검색 광고의 효율성을 높이기 위해서는 광고 집행 전, 광고 클릭 시 이동되는 랜딩페이지(홈페이지)의 설득력 높은 콘텐츠를 잘 갖추어 놓아야

합니다. 클릭을 통해 광고 비용이 소진되어도 콘텐츠 파워에 의해 상담과

내원으로 전환된다면 투자 대비 성과를 얻을 수 있기 때문이죠. 관련한 소

네이버에서 한 특정 키워드를 검색했을 때 보이는 모바일 화면 예시. 왼쪽부터 파워링크,
뷰(블로그, 카페 혼합), 지식인, 웹문서, 뉴스, 병원 위치 기반의 플레이스, 이미지(블로그
나 카페 포스트 내) 등의 카테고리별 구성이 이어지는 상황인데 키워드마다 시기마다 화
면 카테고리 구성은 달라집니다.

리뉴얼, 병원브랜딩 마케팅 실무

비자의 니즈와 연관성이 높으면서 차별적 신뢰를 형성하게 하는 콘텐츠가 잘 구성된 홈페이지와 랜딩페이지가 매우 중요합니다. (홈페이지 콘텐츠에 대해서는 다음 챕터에서 다룹니다.)

현재까지 병원마케팅 목적의 콘텐츠 중 효율성과 생산성이 모두 높은 것은, 키워드 관련 노출이 잘 되면서 콘텐츠 경쟁력이 좋아 상담, 내원, 적어도 병원에 대한 호감을 일으킬 수 있는 병원브랜드 블로그입니다.

블로그 포스트마다 정보의 유용성과 진정성을 구현할 수 있다면 소비자의 반응을 통해 상위 노출도 잘 되는 유용한 마케팅 툴이 될 수 있습니다. 그렇게 된다면 다양한 키워드별 상담 및 내원의 전환 성과를 내는 마케팅 효과와 병원에 대한 차별적 신뢰를 형성하는 브랜딩 효과를 기대할 수 있습니다. 한동안 고정되어 있는 홈페이지 콘텐츠를 수시로 보완해주고 우리 병원 브랜드를 더 다각적으로 인지하게 하는 기능도 합니다.

비교적 병원 내부 운영이 가능하기 때문에 경제적이고, SNS를 비롯해 다양한 마케팅 툴의 콘텐츠 소스로 다각적 활용도 가능합니다.

그러나 병원브랜드 블로그를 통해 이러한 마케팅 효과를 보려면 전략적 운영 노하우와 콘텐츠 파워, 꾸준히 포스팅하는 노력, 기대 효과를 내기까지 수주 이상의 인내가 필요합니다. (관련 내용은 「브랜디드 콘텐츠」챕터에서 다룹니다.)

이러한 조건에 어려움을 느끼는 병원들이 선택하는 것이 '블로그 상위 노출'을 내세우는 업체의 대행인데요. 병원 진료상품에 대해 첫 검색 화면에 노출시키는 것을 목적으로 하면서도 콘텐츠는 차별성이 약하고 마케팅 의도가 빤히 보이는 패턴화된 경우들이 많아 점검과 관리가 필요합니다.

이러한 블로그 포스트는 병원 내원을 고려하는 실질적 소비자에게 설득력 있게 다가가기 어렵습니다. 많은 정보에 노출되고 나름 학습되어온 소비자의 향상된 정보력에 의해 부실한 콘텐츠는 걸러질 뿐 아니라 병원브랜딩 효과를 내기도 어렵습니다. (병원에 대한 차별적 인식은커녕 기억도 하기 어려워집니다.)

기존 온라인 배너 광고는 기사 콘텐츠 열람에 방해되거나 리타게팅에 의해 유저에게 반복 노출되면서 회피 경향이 늘었습니다. 또 여러 광고들이 함께 노출되면서 주목도가 낮아져 병원들의 이용률도 떨어졌습니다.

대신에 카카오톡 대화창, 안랩, 알약, 네이트온 판, 페이스북, 인스타그램, 유튜브 등 다양한 어플, 프로그램 UI, 웹사이트 내 단독 노출의 배너 광고들은 이용이 꾸준한 편입니다.

이미지나 영상을 노출할 수 있어서 보다 적극적인 콘텐츠 소비와 상담 유입이 가능하지만, 광고비가 만만치 않아 특별히 이슈화할 때나 여러 지

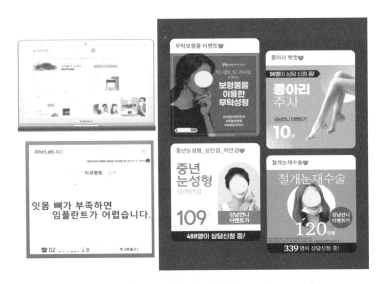

웹사이트, 안랩 프로그램, 병원 프로모션 어플의 병원광고 예

역 소비자를 공략할 때 간헐적으로 활용될 수 있습니다.

광고 클릭 후 이동되는 랜딩페이지(홈페이지)의 전환성도 사전에 체크하여 준비해야 매몰비용을 줄일 수 있습니다.

광고 노출 시간, 목표 소비자 연령, 지역 등 요건의 설정과 효율적 관리도 필요합니다.

대체로 의료 광고 심의를 받고 진행하기에 메시지의 제약이 있는 편이거나, 어플 광고의 경우에는 가격 할인 마케팅이 주를 이루기 때문에 우리 병원 브랜딩과의 적절성도 검토해야 합니다.

블로그 상위 노출이 쉽지 않아 보다 손쉽게 마케팅 효과를 보고자 하는 병원들이 종종 운영하는 것이 네이버의 '콘텐츠 검색 광고(블로그형 광고)' 인데요. 병원이 선택하는 주요 키워드별로 한 편의 콘텐츠가 동시 노출될 수 있습니다.

이 역시 의료 광고 심의(첫 화면에 노출되는 썸네일 이미지와 설명 글 부분만 해당) 후 진행되며, 클릭 당 과금제로 운영되는데 상위 노출을 위해서는 파워링크와 유사하게 경쟁에 의해 적지 않은 입찰가를 지불해야 합니다.

상위 노출 블로그 운영이 어려운 병원이 단기간에 주요 키워드 검색에서 콘텐츠 마케팅으로 효과를 보고자 할 때 고려할 수 있습니다. 물론 전환을 일으킬 수 있는 전략적인 콘텐츠 개발이 중요하죠.

진료 검색에서 지역 내 병원들을 지도상의 위치, 병원 기본 정보, 리뷰 등과 함께 노출시키는 네이버 플레이스도 지역을 고려하는 병원 소비자 대상의 유용한 마케팅 매체입니다. 여기에서도 첫 화면에 상위 노출 되는 것이 중요한데 경쟁이 치열한 편입니다. 그래서 유료 광고를 운영하는 병원

키워드 별 지역 병원들을 위치 기반으로 알려주는 네이버 플레이스 화면 예시

들도 늘고 있는데 입찰가 경쟁에 의해 상위 노출 후에도 후순으로 밀려날 수 있죠.

회원 수가 많은 인터넷 카페나 네이버 지식인의 의료진 답변 등은, 카페 회원이나 네이버 지식인 이용자에 대한 직접적 마케팅 효과 외에 키워드별 검색 화면에서 목표 소비자들의 주목을 받을 수 있다는 점에서 병원 마케팅의 툴로 활용되고 있는데요. 이른바 '바이럴 마케팅'이라는 것이죠.

주로 대행사에서 카페 회원으로 침투해 자연스럽게 병원 이름을 언급하거나 간접 소개하는 식이죠. 네이버 지식인의 경우 답변뿐 아니라 의도적 질문까지 만들어 병원을 알리고자 시도하는 경우들도 있습니다. 또는 의사가 병원 진료와 연관성이 높은 질문 글을 선별해 질 높은 답변을 달고 병원 정보를 함께 하단에 소개하는 경우들도 흔히 볼 수 있죠.

대행사에서 음성적으로 진행하는 바이럴 마케팅은 진정성에 대한 의심과 불만을 얻게 되어 자칫 카페 강출이나 병원 신뢰성 훼손의 결과로 이어질 수 있으니 신중해야 합니다.

온라인 뉴스도 선택한 키워드별로 동시 노출이 가능합니다. 그러나 대개 검색 화면의 중·하위에 위치하기에 상위의 블로그나 검색 광고보다 노출 순위에서 밀리는 상황을 고려하는 것이 좋습니다. 또한 기사 형태의 광고 수준으로 전락했기 때문에 PR의 기능보다 콘텐츠 마케팅의 기능 면에서 활용을 검토해야 합니다. 이 역시 경쟁이 치열해 상위 노출 순위에서 시시각각 밀려날 수 있습니다.

인터넷 검색이 병원 소비자의 기본 행태가 되다 보니 병원마케팅 전략을 짤 때도 병원의 경쟁 상황, 경쟁력, 접근성, 예산 등의 측면에서 효율성 높은 온라인 매체나 툴을 먼저 고려하게 되는데요. 지역민을 대상으로 병

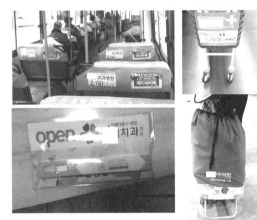

다양한 오프라인 매체에 노출을 시도한 병원들의 광고 사례

리뉴얼, 병원브랜딩 마케팅 실무

원 인지도를 높이기 위해 효율적인 오프라인 매체를 검토해 운영해볼 수도 있습니다. 주 매체로서보다는 보조적으로 고려하는 것이 좋습니다.

노선 버스 외부나 출입구, 좌석 등받이, 지하철 역사나 차량 내 출입구 액자형 광고, 정류장 등 옥외 설치물, 대형마트 카트, 건물 외벽, 현수막 게시대, 건물 외부나 내부의 스탠드 배너, 엘리베이터 내, 병원 프로모션 용품 등 진료 관련 목표 소비자들의 생활 동선 상에서 노출될 수 있는 매우 다양한 오프라인 매체를 고려할 수 있죠.

이때는 소비자의 주목도를 특히 고려해야 합니다. 매체의 크기, 사양, 위치, 노출 범위, 실제 소비자의 시선 등을 관찰하는 것이 좋습니다. 뿐만 아니라 이러한 매체에서 눈길을 잡을 수 있는 광고 크리에이티비티의 전략적 개발 역시 매체 선택 못지 않게 중요하다는 점을 잊지 마세요.

오프라인 매체에서의 인지를 통해 모바일에서 병원 검색이 이어지는 소비자 행태를 이해하고 온라인의 병원 검색 상황도 잘 준비되어 있어야 합니다.

마케팅은 경쟁 상황에서 목표 소비자가 우리 병원을 선택하게 하는 출발점이 되는 만큼, 충분한 노출을 위한 적정 투자는 필요합니다. 노출이 최소화될수록 소비자의 반응을 얻을 기회는 그만큼 줄어드는 것이니까요.

다만, 경쟁군의 마케팅 활동이나 병원마케팅의 일반적 흐름을 무분별하게 따라가기보다 우리 병원의 진료별 경쟁력, 목표 시장, 경쟁군의 마케팅 상황, 마케팅 비용 지출 및 운영 능력, 효과 등을 고려하여 효율성이 비교적 높은 툴과 매체들을 선정하고, 진료 구매로 이어지는 경로의 통합적·효율적 운영을 통해 매몰비용을 낮추는 노력이 중요합니다.

또한 마케팅 툴이 효과적이어도 소비자를 설득해 전환을 일으킬 수 있는 양질의 콘텐츠가 주요 마케팅 툴별로 구비되어 있지 못하면 이탈률과 매몰비용이 늘기 때문에 이에 대한 투자 역시 고려되어야 합니다.

여기에 기존 고객을 대상으로 한 마케팅이나 프로모션을 기획하여 재내원이나 소개의 동기를 만드는 것도 새로운 투자를 줄이고 선순환을 일으킬 수 있는 효율적인 마케팅 전략이 될 수 있습니다.

브랜딩 효과를 고려한 마케팅 전략 짜기

어떤 마케팅을 실행하든, 지금까지 강조해왔듯이 병원이 브랜드로서 차별적 인식을 형성하게 하는 브랜딩 전략 하에 대내·외 접점별로 통합적인 마케팅을 진행해야 합니다.

여전히 많은 병원들이 경쟁군과 유사한 메시지의 광고나 마케팅 콘텐츠를 '노출'시키는 것에 더 신경을 씁니다만, 실제로 마케팅 성과를 거두게 되는 것은 병원브랜드로서의 차별적 신뢰가 공감되는 콘텐츠와 진정성이 느껴지는 내부의 MOT 등 접점별 일관된 브랜딩이 구현되었을 때입니다.

대외적인 마케팅을 열심히 해도 내원 고객의 체험이 부정적이어서 이에 대한 여론이 확산되면 진행하는 마케팅에 악재가 됩니다. 투여된 마케팅 비용이 목표 성과로 이어지지 못하고 매몰되는 결과를 낳을 수 있습니다.

병원브랜드 포지셔닝이 잘 구현된 광고, 병원브랜딩 전략이 반영된 홈페이지, 일관된 브랜딩 방향의 SNS나 블로그 등 브랜디드 콘텐츠, 온라인 상담에 대한 응대와 답변, 내원 시 노출되는 홍보물, 상담 자료, 상담 및 진료 과정에서의 MOT, 진료 후의 결과와 고객 관리 등을 통해 우리 병원에

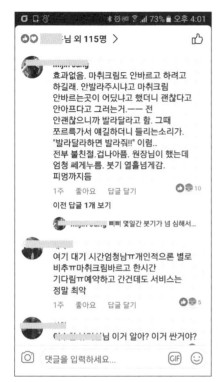

페이스북 병원광고에 대한 부정적 체험 공유 상황. 이러한 소비자 반응은 마케팅 효과를 사장시키고 병원브랜딩에 위협 요소로 작용합니다.

대한 목표 인식이 일관되게 형성·강화되도록 다각적인 접점에서 통합적으로 마케팅 커뮤니케이션을 함으로써 우리 병원의 브랜딩 효과를 낼 수 있어야 합니다.

병원광고나 홈페이지 시안, 마케팅 운영 예산, 대행사, 상담실장 영업력, 진료비 정도만 신경 쓴다면 우리 병원에 대한 목표 인식 형성이 어렵고, 치열한 경쟁 상황에서 고객 유치 및 성장을 이루는 일 역시 어려워질 수 있습니다.

병원브랜드의 차별적 신뢰 형성을 위한 통합적이고 지속적인 마케팅을 함으로써 목표 소비자에게 그런 가치들이 전달되고 긍정적 여론이 형성되면 병원브랜드의 로열티가 강화됩니다. 이렇게 된다면 굳이 많은 마케팅 비용을 투여하지 않아도 선순환이 일어나고 성장을 이어갈 수 있습니다.

지금 당장의 고객 유입만 생각하여 할인 광고나 프로모션 위주로 마케팅을 하는 것은 자칫 병원 성장에 악영향을 줄 수 있으니 신중해야 합니다. 비용 할인 마케팅의 경쟁 역시 치열해 더 낮은 가격을 고민하게 되고, 결국 병원의 수익 구조에 빨간 불이 켜지는 경우들이 왕왕 있습니다. 또한 많은 병원들이 경험하듯 비용 할인 후 정상가를 받기가 어렵고, 저가低價 병원 이미지로 인해 고가의 고관여 진료(시술, 수술, 재치료) 선택률이 낮아질 수 있습니다.

프로모션이나 일시적 비용 할인 이벤트를 진행하고자 한다면 병원브랜딩 관점에서 고민해야 합니다. 병원브랜드의 신뢰 또는 목표로 하는 브랜드 포지셔닝에 악영향을 주거나 상충된 인식 형성이 이루어지지 않도록 조심할 필요가 있습니다.

실제 병원마케팅에서 중요하지만 병원이 간과하여 형식적으로 처리하기 쉬운 것이 바로 고객 상담 답변입니다. 대외 마케팅에 의해 고객이 우리

병원 고객의 진료 구매율을 높이기 위해 병원브랜딩 전략 하에 맞춤 기획된 상담노트를 활용해 상담 직원마다 질적 차이가 나지 않도록 하면서 브랜딩과 마케팅 효과를 거둔 사례(투비원)

병원 내원을 결심하게 되는 계기나, 내원 후 진료를 실제 구매하게 되는 동기가 바로 고객 상담 콘텐츠와 응대 태도인 만큼 매우 중요한 마케팅이라 할 수 있습니다.

내원 전 블로그 포스트나 SNS 콘텐츠를 보고 댓글로 질의를 하는 목표 소비자에게, 또는 카카오톡 상담 채널이나 홈페이지 상담 게시판, 전화로

수년 전 비용 문의 고객에게 병원 가치를 어필한 비용 안내 콘텐츠를 개발한 적이 있었습니다. 어떤 형식이든 병원의 차별적 신뢰와 가치를 함께 어필할 수 있는 답변이 전략적으로 준비될 필요가 있습니다.

비용이나 진료에 대해 문의를 하는 고객들에게 담당 직원이 답변을 할 때 질문에 대한 간단한 정보만 전달하기보다 우리 병원의 브랜딩 관점에서 유형별로라도 전략적인 콘텐츠를 마련해두는 것이 좋습니다. 물론 호객행위와는 구별하셔야겠죠.

가령 비용에 대한 답변을 줄 때, 정해진 비용을 알리는 것에서 끝내지 말고 비용에 대한 우리 병원 진료의 가치를 간결하게 어필하는 내용을 적절히 추가할 수 있습니다. 우리 병원의 진료로 인해 얻게 되는 이득을 구체적으로 소개할 수도 있고, 진료 후의 책임 있는 관리를 어필할 수도 있죠.

또 상담 내용 중 의료진 답변이 필요한 것은 일단 와봐야 알겠다는 형식적인 안내보다는, 의료진이 보다 친절히 답변함으로써 병원브랜드에 대한 신뢰도와 호감도를 제고할 수도 있습니다.

카카오톡 상담 채널 같은 상담 카테고리별 이미지와 설명 글이 구성되는 구조에서는 메뉴명, 이미지, 안내 내용에 대해 내원 동기를 형성하도록 하는 차별화된 콘텐츠 기획이 이루어질 필요가 있습니다.

이상에서 알 수 있듯 병원의 일방적 홍보형 마케팅보다 소비자 스스로 우리 병원을 좋아하게 할 전략적 준비들을 해두고, 언제든 소비자가 우리 병원과 관련한 검색과 다양한 체험을 하게 되었을 때 자연스럽게 우리 병원에 더 큰 신뢰를 갖게 하는 것이 중요합니다.

브랜딩 효과를 거둘 수 있는 마케팅의 통합적 운영과 관리가 이루어져야 우리 병원은 소비자에게 경쟁군과 구별되는 브랜드가 됩니다.

병원마케팅 전략 실행과 피드백

현재 우리 병원에 필요한 마케팅 툴과 매체를 정한 후에도 실행 과정에서 각각 주기적으로 점검하고 효율성을 높이는 방향으로 조정해 나가는 노력을 해야 합니다. 특히 문제를 빨리 파악해 개선하는 등의 피드백이 중요합니다.

이러한 마케팅의 실행과 피드백 과정에는 병원의 적극적 관여가 필요합니다. 대행사나 매체사에 비용을 지불한 것으로 할 일을 다했다고 생각하고, 문제가 발생하면 마케팅 회사를 교체하거나 매체 운영을 중단하는 식으로 단순하게 처리하는 병원들이 적지 않은데요. 이런 태도는 병원의 마케팅 운영에 도움이 되지 못합니다.

가령 우리 병원과 유사한 병원들의 키워드 광고 집행 경험이 있는 마케팅 회사가 그와 유사하게 네이버 파워링크 광고를 세팅하여 실행했는데, 성과가 기존 병원과 다르게 저조하다면 그 원인은 마케팅 회사의 문제만은 아닐 수 있습니다.

우리 병원의 광고 예산 내에서 어떤 키워드를 주력으로 하고 어떤 키워드들은 성과가 낮을 것을 예상해 off 해야 하는지, 어느 범위까지 지역 설정을 해야 하는지 등의 운영 결정에 관여되는 요인들(우리 병원 진료상품의 경쟁력, 실질적 경쟁 상황과 접근 가능성 등)을 외부 마케팅 회사가 병원 도움 없이 제대로 파악하는 것은 현실적으로 어렵습니다. (물론 이런 기획력 없이 기계적으로 실행하는 병원마케팅 회사들이 많긴 합니다.)

병원의 원장이나 마케팅 실무자가 사전에 필요한 병원 정보를 대행사에 공유하여 효율적인 운영이 되도록 협업해야 합니다. 실행 결과에 대해서도 주기적 보고를 받고, 더나은 방향으로 조정해 나가는 과정에 참여하여 효율성을 높이고 매몰비용을 낮추도록 지속적으로 노력해야 합니다.

3. 키워드별 리포트 (Mobile)

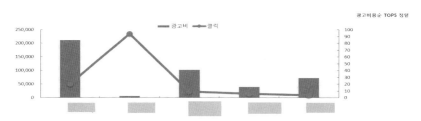

광고비용순 TOP5 정렬

키워드	노출	클릭	CTR	CPC	광고비	평균 노출순위
합계	12,137	250	2.06%	4,991	1,247,719	
	828	20	2.42	10,631	212,619	2.5
	670	94	14.03	77	7,238	1.0
	602	9	1.50	11,463	103,169	2.5
	591	6	1.02	6,897	41,382	1.6
	572	4	0.70	18,392	73,568	2.0
	429	9	2.10	18,682	168,135	2.6
	368	2	0.55	5,275	10,549	1.5
	356	2	0.57	11,325	22,649	2.1
	355	0	0.00	0	0	1.7
	271	0	0.00	0	0	1.4
	217	1	0.47	11,385	11,385	1.0
	210	8	3.81	8,913	71,302	2.5
	192	8	4.17	5,251	42,009	6.6
	178	4	2.25	10,882	43,527	2.2

요약리포트　일자별리포트(네이버)　키워드별리포트_PC　키워드별리포트_MO　⊕

모바일, PC 각 검색 광고 키워드의 적정성, 클릭률, 광고비 대비 성과(상담률) 등을 평가하고 키워드, 노출 순위, 노출 시간, 광고 문구, 랜딩페이지 콘텐츠 등을 조정해 나갑니다.

또한 마케팅 성과 확인을 위해 내원 고객이 어떤 것을 보고 왔는지 데스크에서 간단히 체크하는 것, 신환 수가 얼마나 되는지 정도만 집계하는 것만으로는 부실할 수 있습니다. 앞서도 말씀드렸듯이 대외적인 마케팅만으로 성과를 측정하는 것은 비합리적입니다.

광고나 블로그 등의 마케팅 실행을 통해 홈페이지에 어느 정도 유입되고 전환이 어느 정도 일어나는지 또는 이탈되는지, 내원 후 진료 구매율과 이탈률은 어떤지, 각각 그 원인은 무엇인지 등 각 접점에서의 상황, 일정 기간의 추이, 문제점과 원인을 파악해서 빨리 개선해야 합니다.

마케팅을 통해 궁극적으로 우리 병원의 수익 증대와 성장을 이루고자 한다면, 마케팅 회사에 일임한 채 수수방관하거나 다양한 접점의 통합 마케팅 운영에 무지한 채 관행처럼 처리해서는 안 될 것입니다.

병원마케팅 실행 가이드

우리 병원의 진료별 브랜드 포지셔닝 전략과 그를 실현할 통합 마케팅 전략을 수립하고, 그에 따라 마케팅 툴과 매체를 선정해 운영하려면 각 툴별 투여할 예산과 예측 성과의 관계를 기본적으로 고려해야 합니다.

예를 들어 네이버 파워링크 광고를 운영하기로 했다면, 진료와 연관성 있는 키워드 외에도 우리 병원의 진료 경쟁력과 경쟁 상황 등을 고려해 유입 가능성이 적정한 노출 범위와 클릭 가능성이 적정한 광고 순위 등을 정하고, 키워드별 집행 시점의 평균 입찰가를 확인해 대략의 투여 비용을 산정할 수 있습니다. (대행사에 자료를 요청할 수 있습니다.)

다만 그 비용이 우리 병원이 감당하기 버거운 수준이라면 조정을 해야 하는데, 그렇다고 목표 성과에 도달하기 어려울 정도로 축소해서 운영하는 것은 바람직하지 않습니다.

광고 노출 시간 및 지역의 적정 축소, 실제 소비자가 검색하면서 비용은 낮은 세부 키워드 발굴 및 적용, 유효한 키워드 검색 시 블로그 대체 노출 등 고효율적인 운영을 해야 합니다.

주력 진료상품에 대한 마케팅 예산과 보조 진료상품이나 단기 유입 진료상품(「진료상품 전략적으로 세팅하기」 편 참조)에 대한 마케팅 예산의 비중은 다를 수밖에 없습니다. 그러나 전반적 매출 감소 시기에 단기 유입 진료상품 마케팅을 일정기간 확대 진행하여 유입률과 매출 증대를 도모할 수도 있습니다.

주력 진료상품의 유입률이 좀처럼 늘지 않을 때 전 단계 환자군 유입을 위한 보조 진료상품 마케팅을 우선 늘려, 주력 진료상품 구매율을 간접적으로 높이는 방안을 고려할 수도 있습니다. 가령 수술 전 단계 상태의 환자에 대한 시술 및 관리 상품의 마케팅 활성화로 내원율을 높이고, 이들이 필요한 시점에 우리 병원에서 수술을 결정할 수 있도록 진료별 마케팅 비중을 조정할 수 있는 것이죠.

개원 초 빠른 시장 진입, 확장 이전에 따라 달라진 경쟁관계에서 점유율 증대, 리포지셔닝에 의한 새로운 병원 인식 형성 등 병원 성장에서 중요한 목표를 위해 마케팅을 진행해야 할 때는 좀 더 적극적일 필요가 있습니다. 예산도 좀 더 편성되어야겠죠.

온라인 검색 마케팅처럼 소비자의 필요에 의해 노출되는 마케팅뿐 아니라, 지역 매체나 유의미한 온라인 커뮤니티를 활용한 마케팅처럼 우리 병원의 목표 소비자에게 적극적으로 병원브랜드를 인식시키는 방안을 함께 실행할 수도 있습니다.

꾸준히 성장해오면서 목표 시장에서 우리 병원의 인지도는 형성되어 있으나 인근에 공격적인 마케팅을 하거나 강한 경쟁력을 갖춘 새로운 병원들이 생겨나 잠재 고객 이탈이 예측된다면, 경쟁군의 마케팅 경로에 함께 노출되도록 광고 및 콘텐츠 마케팅을 추가 집행할 필요가 있습니다.

만약 인지도는 있으나 진료에 대해 적극적으로 고려되지 못하는 문제가 있다면, 리포지셔닝 전략(「병원브랜드 리포지셔닝하기」 편 참조)을 반영한 마케팅이나 진료별 마케팅을 강화하여 우리 병원에 대한 왜곡된 인식을 빨리 바로잡고 진료에 대한 가치를 재인식시켜야 합니다.

여러 진료를 운영하는 병원들이 진료별 마케팅을 강화하고자 광고를 집행한 예

앞에서 소개한 네이버 브랜드 검색 광고를 활용할 수도 있습니다. PC와 모바일 각 버전별로 선택해 적용할 수 있고, 의료 광고 심의 기준과 네이버 가이드를 따라야 하는 제약은 다소 있습니다. 월 광고 조회 수 기준 구간별 차등 상향 적용되는 방식이어서 예산 내에서 신중하게 고려해야 합니다.

운영되는 모든 마케팅의 (고객 내원 전) 최종 게이트는 홈페이지입니다. 따라서 홈페이지의 전략적 개발은 마케팅 실행 전에 되어 있어야 합니다.

클릭당 과금의 광고나 대행사에 비용을 지불하고 운영하는 블로그 같은 콘텐츠 마케팅은 물론, 내부에서 운영하는 블로그·유튜브 등의 콘텐츠 제작에 투여된 시간과 기회비용이 모두 전환(상담으로 연결되는) 성과로 나타나려면 각 콘텐츠와 함께 홈페이지 콘텐츠도 중요합니다. 광고나 콘텐츠 마케팅과의 연관성, 설득력, 경쟁군과의 차별적 신뢰성이 잘 갖추어져 있어야 합니다. (홈페이지, 블로그, SNS 콘텐츠 등은 이후 챕터들에서 다룹니다.)

리뉴얼 후 홈페이지

리뉴얼 전 홈페이지

반송율
80%

반송율
38%

홈페이지 리뉴얼로 마케팅 전환율을 높인 사례(투비원)

당장의 고객 유입을 위한 마케팅 못지 않게 장기적으로 신경 써야 하는 것이 병원브랜드 이미지 형성을 위한 마케팅입니다. 우리 병원의 특별한 신뢰는 단기간에 쉽게 형성되기 어렵습니다. 이를 위해 인스타그램이나 페이스북 같은 SNS, 유튜브, 블로그 등 병원브랜디드 콘텐츠를 적절히 전략적으로 운영해보시기 바랍니다.

　주요 진료의 차별적 가치와 병원 및 의료진의 신뢰를 공감시키는 스토리텔링, 생생한 병원 분위기를 느낄 수 있는 관련 이미지나 영상 등을 기획하고, 매체별로 적절한 제목과 설명 글을 구성하여 꾸준히 업로드하고 팔로워를 늘려가는 노력을 하는 것입니다.

　다만, 이는 적은 예산과 인력을 운영하는 병원 상황에서 우선 고려할 부분은 아닙니다. 물론 이용 수가 늘수록 네이버에서도 SNS 채널이 검색되고 내원으로 연결되는 경우들도 있지만, 빠른 시일 내 유입 가능성이 높은 툴로 기능하기가 쉽지 않고 시간과 전략적 노력을 한동안 투여해야 합니다.

병원브랜딩에 기여한 SNS 운영 사례

　병원브랜딩과 통합 마케팅 관점에서 병원 내부에서의 마케팅 역시 중요함을 강조해왔는데요.

　우리 병원이 광고나 블로그 등 마케팅 콘텐츠를 통해 어필하고 있는 부분에 대해 고객 접점의 직원들도 인지하고 있어야 합니다.

그에 따라 관련 상담 자료, 원내 홍보물, 응대 MOT 등을 전략적으로
준비해야 합니다. 대외적 마케팅에서 기대감을 갖고 내원한 고객이 이러
한 병원 내부의 마케팅을 통해 확신을 갖게 되면, 진료 구매율이 늘고 병
원브랜드에 대한 호감도가 상승하게 됩니다. (내원 고객 마케팅에 대해서는
PART 7에서 소개합니다.)

광고, 블로그 등 대외적 마케팅과 관련하여 원내 광고, 홍보물, 의료진의 직원 대상
교육과 MOT 구축 등 병원 접점별 전략적 준비를 한 예들

병원의 통합 마케팅 전략을 개발해 실행하는 중에도 소비자와 경쟁군
의 마케팅 관련 변화된 상황이나 병원에 유리한 또는 불리한 정보와 이슈
등 병원마케팅 효과에 영향을 미칠 요인들을 지속적으로 관찰하면서 조정
하고 대비해야 마케팅 효율성이 커집니다.

항간에는 마케팅 효율성을 추구하기 위해 마케팅 실행에 유능한 병원
마케팅 대행사를 찾는 일에만 열심인 병원들이 있습니다. 매출이 정체되는
가 싶으면 업체를 갈아치울 뿐이죠.

리뉴얼, 병원브랜딩 마케팅 실무

그런가 하면 마케팅을 병원 내부에서 하겠다는 의지로 담당자를 영입해 전담시켜보지만, 담당자의 경험이나 전문성의 부족으로 편협한 마케팅 툴 몇 가지 운영하는 수준을 벗어나지 못하기도 합니다. 또는 담당자는 어느새 마케팅 외에 행정 지원이나 다른 업무 지원까지 하느라 마케팅 업무를 소홀히 하게 되고, 그러다 병원을 떠나기도 합니다.

답답한 현실 앞에서 원장이 직접 마케팅 방법을 배워 운영해보기도 합니다. 온라인 키워드 광고, SNS, 블로그, 유튜브 등은 운영 로직이 쉽고 친절해져서 충분히 가능하죠. 그러나 기술만 알고 통합 마케팅 전략과 콘텐츠가 부실한 상태에서 주관적 감으로 운영하면 성과나 브랜딩 효과를 거두기 어렵습니다.

마케팅 실행의 디테일한 관리 역시 시간을 충분히 투여하기 어려운 사정과 미숙함으로 인해 제대로 되지 않아 효과를 내지 못하고 비용 낭비가 생기곤 합니다. 반응이 있으면 더 투자하고 반응이 없는 것 같으면 꺼버리기만 하는 단순한 운영에 치우치면, 결국 마케팅의 효율성은 전체적으로 떨어집니다.

통합 마케팅 전략과 병원마케팅 툴별 실행은 전문가와 신뢰도 높은 대행사에 의뢰하더라도, 병원이 마케팅의 주체로서 과정에 참여하고 피드백을 잘 해주어야 합니다. 필요한 자료를 공유하고 협업하며, 전략과 실행 계획을 컨펌하고, 때로는 디렉션을 해나갈 수 있어야 대행사와 결별해도 안정적으로 마케팅을 이어갈 수 있습니다. 그렇게 되려면 병원 내 마케팅 교육과 전담 인력 운영에 대한 투자도 필요합니다.

병원마케팅 피드백 가이드

마케팅을 진행하면 반드시 성과와 개선점을 실시간 확인하고 반영해 나가는 다각적인 피드백을 시행해야 합니다. 피드백 결과를 토대로 합리적인 마케팅 플래닝과 예산 계획을 수립, 재정립할 수 있습니다.

마케팅 실행 결과에 대한 피드백을 제대로 하기 위해서는 마케팅 집행 전에 이미 어떤 데이터들을 관리할 것인지에 대해 파악이 되어 있어야 합니다.

온라인 검색 광고는 대개 대행사를 통해 보고서를 받고 협의해 조정하지만(이조차 잘 이루어지지 않는 경우들도 있지만요.), 병원 내부에서 운영할 때는 광고 관리자 사이트에서 데이터 파악과 조정을 하게 됩니다. 이때 중요한 것은 데이터의 해석을 통해 개선을 바람직하게 하는 것이죠.

키워드별 광고 클릭률, 경쟁도, 노출 순위, 링크 페이지, 지출된 광고비와 함께 홈페이지 전환 성과를 확인하는 것이 필요합니다. 가령, 클릭률은 괜찮은데 광고에서 이동된 홈페이지의 전환율이 낮다면(몇 초 안에 나가버린다면) 홈페이지 콘텐츠를 개편해 전환성을 높여야 합니다. 클릭만큼 광고비가 지출되었는데 클릭해서 이동되는 랜딩페이지에서 이탈이 많으면 마케팅 비용은 매몰되니까요.

광고 키워드의 노출 수는 많은데 클릭률이 저조하다면, 순위가 낮은 것이 문제인지 광고 문구의 문제인지, 광고 검색 니즈 대비 우리 병원의 경쟁도가 낮은 것인지 고민이 좀 더 많아져야 할 것입니다. 이런 점들을 합리적으로 분석해보고 키워드 오프를 하거나 세부적으로 조정해 나가야겠죠.

키워드 광고, 온라인 배너 광고, 네이버 블로그형 콘텐츠 검색 광고, 카카오톡 배너 광고, 페이스북이나 인스타그램 광고 등 온라인 광고 매체는 이처럼 데이터에 대한 분석이 어느 정도 가능합니다. 데이터의 해석과 개선안 마련이 좀 어렵죠. 대행사의 광고 보고서에 이런 부분을 포함하도록 요청할 필요가 있습니다.

마케팅은 지속적으로 운영해야 하는데 예산이 한정적이라면, 보다 효율적으로 운영하기 위해 광고 데이터를 세부적으로 파악하여 조정할 필요가 있습니다. 가령 우리 병원 진료별 목표 소비자의 지역, 연령, 성별, 노출 시간대 등을 한정해 비용을 낮출 수 있습니다.

그런데 종종 병원광고를 악의적으로 클릭해 비용을 매몰시키는 짓을 하는 이들이 있습니다. 네이버의 경우 동일 IP로 반복 클릭을 하는 부정 클릭에 대한 입증 자료를 제출하면 보상 포인트를 주기도 하는데, 애초에 상도의商道義는 지키면서 경쟁해야겠죠!

앞서 광고뿐 아니라 다양한 마케팅의 최종 게이트인 홈페이지의 전환성을 강조한 바 있는데요. 홈페이지의 전환 성과를 파악하려면 로그 분석이 필요합니다. 이는 효율적인 마케팅 운영과 병원브랜딩을 위해 필수적입니다.

네이버 '웹마스터 도구'에서 홈페이지 등록을 하고, 무료로 메타태그나 코드를 부여받아 홈페이지에 삽입하면(홈페이지 관리 업체에 요청 가능) 네이버 애널리틱스 툴을 이용해 홈페이지 방문 수, 페이지별 조회 수와 체류 시간, 유입 경로 등을 대략 파악할 수 있습니다.

종종 광고대행사가 홈페이지 로그 분석 서비스를 제공하는 경우도 있지만, 소액 클라이언트까지는 혜택이 갈지 모르겠네요. 유료로 홈페이지 로그 분석 프로그램을 구매해서 이용할 수도 있습니다.

네이버 웹마스터 도구 안내 페이지 일부

항목	기준기간 (30일) 2022.08.01 ~ 2022.08.30	비교기간 (30일) 2022.07.01 ~ 2022.07.30	증감	변화율
방문수	1,709	1,537	▲ 172	
신규방문수	1,221	1,049	▲ 172	
재방문수	488	488	–	
순방문수	1,455	1,266	▲ 189	
페이지뷰	6,035	5,195	▲ 840	
방문당페이지뷰	3.53	3.38	▲ 0.15	
직접유입 유입수	408	371	▲ 37	
검색엔진(키워드광고제외) 유입수	365	217	▲ 148	
검색키워드광고 유입수	411	394	▲ 17	

온라인 광고 클라이언트 병원에게 제공되는 홈페이지 로그 분석(에이스카운터) 자료 일부 (투비원)

병원브랜드 블로그나 SNS 채널도 조회 수, '좋아요', 댓글 등 반응을 데이터로 파악할 수 있습니다. 홈페이지 로그 분석 프로그램과 연계해 이 경로에 의한 홈페이지 유입률도 파악할 수 있습니다.

목표 소비자가 이런저런 매체와 툴에 노출되어 홈페이지를 방문하게 되었다 해도, 머무는 시간이 극히 짧고 상담 전환이 이루어지지 않으면 성과에 도달하지 못하는 매몰비용이 늘게 됩니다. 홈페이지 요소들을 점검해 전환율을 높일 수 있는 보완이 필요하죠. (홈페이지에 대해서는 PART 4에서 다룹니다.)

데이터 파악과 피드백이 애매한 것이 오프라인 매체의 광고일 것입니다. 병원 데스크에서 내원 고객에게 보고 온 매체를 간단한 설문으로 체크하도록 하면서 이를 통해 파악하는 것이 대부분일 텐데요.

이런 방식은 오프라인 매체 광고 효과를 정확히 측정하고 있다고 보기 어렵습니다. 오프라인 매체의 병원광고를 보고 온라인에서 병원을 검색한 고객이 내원해서, 유입 경로를 묻는 직원에게 온라인 검색으로 왔다고 대답하면 오프라인 광고의 효과는 쉽게 사장되어버립니다.

진료를 위해 병원을 검색하던 중 파워링크나 블로그 속에서 예전에 지역 버스의 광고에서 본 병원 이름을 발견하고 더 먼저 클릭할 수도 있습니다. 이러한 시너지 효과를 데이터로 파악하기는 사실 쉽지 않습니다.

기본적으로 우리 병원이 노출시키는 모든 매체와 툴을 구체적으로 항목화하고 내원 고객이 본 것을 다 체크하도록 안내하는 것이 필요합니다. 그리고 오프라인 매체 광고의 이미지 축적의 속성을 이해하고 적절히 활용하도록 합니다.

단, 너무 짧은 기간에 노출하고 광고 집행을 중단하면 인지 효과를 얻기 어렵습니다. 그렇게 되면 그 사이 집행한 광고비는 매몰됩니다. 오프라인 광고 집행은 적어도 6개월 정도는 해주는 것이 좋습니다.

다양한 매체와 마케팅 툴을 진행한다면 '마케팅 피드백 시트'를 만들어 마케팅 툴별 성과의 추이를 주기적으로 체크하고, 전체 마케팅 상황을 보며 보완 및 조정이 필요한 부분을 일목요연하게 파악할 수 있도록 해보세요. 좀 더 효율적 관리에 유리합니다.

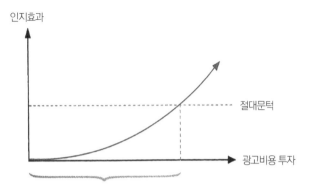

인지효과

절대문턱

광고비용 투자

오프라인 광고의 충분한 노출이 이루어지지 못하면 매몰비용이 발생하게 됩니다.

마케팅 피드백 시트는 병원의 운영 상황에 맞춰 짜보세요. 진료별로 신환과 기존 고객의 각 내원율, 수익, 마케팅 툴과 비용, 전환 성과 등 마케팅 조정과 새로운 전략에 반영될 만한 유용한 데이터들로 구성될 수 있도록 고민하고, 시행착오를 겪더라도 꾸준히 작성해보면 노하우가 생기게 됩니다.

그런데 문제는, 대외적인 마케팅 관리는 비교적 열심인데 정작 상담을 비롯해 내원 경로의 관리가 허술한 병원들이 의외로 많다는 것입니다.

홈페이지 온라인 상담, 네이버 톡톡, 카카오톡 상담, 전화 상담 등의 이용 고객 내원율을 각각 파악해보고, 전환 성과가 좋지 않은 부분의 문제점을 찾아 개선해 나가는 노력도 중요합니다. 담당 직원의 응대력이나 답변의 질, 내원 결정을 돕는 상담 콘텐츠를 더 고민해야 할 수 있습니다.

또는 더 유리한 조건의 경쟁 병원으로 이탈할 가능성을 점검해서, 그에 대한 방안(조건별 우대 정책, 비용 설득 자료와 관련 MOT 같은)을 마련할 필요도 있죠.

내원 후 진료상품 구매율이 저조하면 역시 해당 접점을 점검하고 보완하는 노력을 해야 합니다. 내부의 브랜드 광고나 적절한 홍보물을 통해 병원브랜드의 진료 신뢰도를 제고할 필요도 있습니다. 의료진의 진료 태도에 의한 이탈 가능성이 있다면 이에 대해 내원 고객의 반응과 언급 내용을 전달해 개선하도록 할 필요도 있습니다. (병원 내부 마케팅과 MOT에 대해서는 PART 7에서 다룹니다.)

마케팅 실행의 피드백에서 마케팅 집행 후 상담으로 유도되는 전환율 같은 성과만 체크하기보다 모든 마케팅 운영을 포함한 브랜딩 과정에서 형성된 고객의 병원브랜드에 대한 인식과 이미지에 대해서도 파악할 필요가 있습니다.

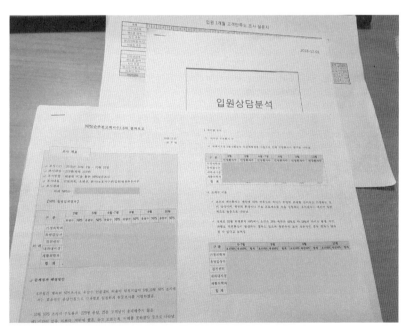

병원 내부에서 입원 환자 대상 설문 조사를 시행한 후 분석한 사례

내원 고객 인식 조사 결과, 병원마케팅 목적에 부합하지 않는 점이 있거나 병원브랜드 포지셔닝 효과가 제대로 이루어지지 못했다면 그와 관련해 통합 마케팅의 수정과 보완을 고민해야 합니다.

이러한 고객 인식 조사를 위해 고객 표본 대상을 선정해서 유의미한 관련 질문들을 설문을 통해 정기적으로 해나가는 FGI(Focus Group Interview)나 모바일 설문도 유용하겠습니다. 이는 병원브랜딩과 마케팅의 합목적적이고 현실적인 운영을 위해 주효한 피드백 과정입니다.

병원마케팅은 이제 단기적인 매출 발생의 성과를 넘어서 병원브랜드에 대한 인식을 형성하는 것까지 성과의 초점이 맞춰져야 합니다. 브랜드 로열티가 없다면 광고를 보고 관심이 가서 상담 신청을 한 고객이 (광고의 문제가 아닌) 다양한 변수로 내원을 취소하고 경쟁군으로 이탈하는 일이 빈번히 일어나게 됩니다. 브랜딩의 관점에서 통합 마케팅 전략, 실행, 피드백의 과정이 충실하게 진행되도록 노력해야 합니다.

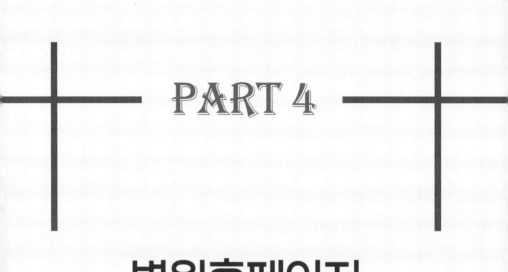

PART 4

병원홈페이지
전략적으로 개발하기

병원홈페이지에 대한 바른 관점 갖기

병원이 홈페이지를 만드는 데 드는 비용과 사양은 다양합니다. 네이버 모두modoo 같은 무료 제작이 가능한 홈페이지도 있고, 웹문서 최적화(네이버 검색에서 웹사이트 콘텐츠 노출이 잘 되도록 요건을 맞추어 제작하는 일)가 안 되는 낮은 버전의 저가형 홈페이지도 있습니다. 매월 일정 소액을 내고 템플릿 폼이나 정해진 프로그램을 선택해서 그 안에서 DIY로 만들 수도 있고, PC와 모바일 환경 모두에서 기계적으로 동일하게 보이는 이른바 '반응형 웹'도 있죠. 그리고 아직 많지는 않지만, 브랜딩 전략부터 체계적으로 세워서 전략적인 홈페이지를 개발하는 경우도 있습니다.

오랫동안 병원홈페이지를 제작해오다 보니 앞서 언급한 여러 타입의 홈페이지들을 리뉴얼하는 경험을 할 수 있었는데요. 리뉴얼의 이유는 대개 만들고 난 후 마케팅 성과의 문제, 운영의 문제 때문이었습니다.

네이버 모두나 월 소액 지불형의 홈페이지처럼 포맷의 한계가 있고 제작 후 전략적인 변화를 추구하기 어려운 경우는 병원에는 적합하지 않습니다. 이런 홈페이지 종류는 진료상품의 다양한 콘텐츠를 통해 치열한 경쟁을 벌이는 병원 쪽보다 상품의 심플한 디스플레이 위주의 웹사이트를 운영하는 곳에 더 적합할 것입니다.

병원의 경쟁만큼 치열한 콘텐츠 경쟁 상황을 인식해야 합니다. 제작 후에도 포지셔닝이나 마케팅 전략의 변화를 반영해 변경이 필요할 수 있습니다. 모바일 이용 고객이 많은 만큼 모바일 기반 홈페이지 콘텐츠의 경쟁력도 충분히 구현되어야 합니다.

이런 점에서 PC와 모바일의 홈페이지가 동일한 반응형 웹 역시 한계점이 있습니다. 모바일 기반에 맞춰 제작하면 PC에서는 콘텐츠가 빈약해 보일 수 있습니다. 병원의 진료 경쟁력도 그렇게 인식될 우려가 있습니다. PC 기반에 맞춰 제작해 기계적으로 축소하면 모바일에서 가독성 문제가 생기거나 부분적으로 사각지대가 생길 수 있습니다.

병원홈페이지 제작 기준이 비용과 디자인에만 맞춰져서는 안 됩니다. 먼저 홈페이지는 병원브랜딩과 마케팅의 기본적이고도 중요한 툴이라는 인식을 해야 합니다.

우리 병원의 목표 소비자는 다양한 경로로 홈페이지에 방문해 콘텐츠를 통해 우리 병원을 판단하게 됩니다. 그리고 비로소 상담 및 내원의 동기를 갖게 됩니다. (또는 이탈합니다.) 따라서 콘텐츠의 차별화와 소비자 설득력의 우위성을 잘 구현했느냐가 관건입니다.

병원홈페이지는 병원 운영에서 기본적으로 갖추어져 있어야 하고, 병원의 전략적 콘텐츠가 충분히 구현되어 있어야 하며, 그렇게 되기 위해 투자되어야 하는 것입니다.

홈페이지, 병원브랜딩 차원의 마케팅 툴이란 관점으로 보기

종종 병원홈페이지에서 병원 이름과 특정 사진들을 가리면 유사 진료들을 운영하는 경쟁군과 변별력을 느끼기 어려운 경우들을 보게 됩니다. 병원홈페이지 첫 화면인 메인 페이지의 디자인은 신경썼지만, 의료진 같은 병원 핵심 가치를 소개하는 페이지나 진료상품을 어필해야 하는 콘텐츠에서는 병원의 차별적 인식 형성에 실패한 경우들도 많이 봅니다.

현재 진행하는 마케팅의 진료상품이 홈페이지에 부각되어 있지 못하거나 심지어 없는 경우도 있고, 메인 페이지에서 이 병원의 경쟁력이 한눈에 보이지 않는 등 마케팅 효과를 사장시키는 병원홈페이지들도 있습니다.

병원과 홈페이지 제작업체들 중에는 홈페이지에 대해 과별로 일정한 콘텐츠를 바탕에 두고 디자인 경쟁을 하는 것처럼 인식하고 있기도 합니다. 개원을 준비하면서 홈페이지 제작을 의뢰할 때 기본적으로 이런 질문들을 하기도 하죠. "○○과는 얼마나 하셨나요?" 또 제작업체 중에는 "우리는 이 진료과 홈페이지를 많이 만들어봐서 병원에서 특별히 준비하지 않아도 충분히 제작할 수 있다!"고도 합니다.

 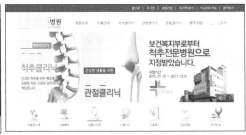

경쟁군과의 차별화가 약한 패턴화된 병원홈페이지 예

그러나 병원홈페이지 비용과 제작 기간을 절감하는 것보다, 실제 마케팅 효과를 일으킬 수 있고 궁극적으로 병원브랜드의 차별적 인식을 형성하게 하는 병원브랜드 홈페이지를 구축하는 것이 병원 성장에 더 큰 이익임을 병원 원장과 담당자는 알아야 합니다.

병원브랜드 홈페이지는 다양한 병원광고나 마케팅 콘텐츠의 최종 게이트로서 병원 내원이나 상담을 결정하기 전 마지막 탐색지이기 때문에 콘

병원브랜딩 전략이 반영된 홈페이지로 리뉴얼한 후 지역 맘카페에서 홈페이지에 어필된 브랜드 포지셔닝과 관련한 자연적인 바이럴 효과와 마케팅 성과가 발생한 예

텐츠를 좀 더 많이, 오래 보고 상담으로 연결되도록 하는 전환 성과를 이룰 수 있어야 합니다.

그러기 위해서는 콘텐츠가, 진행하는 마케팅과 연관성이 있으면서 경쟁군보다 우위의 설득력을 갖추어야 합니다. 진료 콘텐츠뿐 아니라 우리 병원에 대해서 목표 소비자가 내원 전 먼저 차별화된 신뢰와 특별한 인식을 형성할 수 있어야 합니다.

그렇기 때문에 홈페이지에도 병원브랜딩 전략이 선개발되어 반영되는 것이 바람직합니다. 우리 병원의 아이덴티티, 전략적 진료상품 구성, 현재 지향해야 하는 병원브랜드 포지셔닝 전략과 통합 마케팅 전략 등이 홈페이지에 반영되어 있어야 합니다.

병원브랜드의 아이덴티티와 포지셔닝 전략을 무시하고, 전개되는 마케팅과의 일관성이 약한 채 평이한 진료상품 나열이나 단기 이벤트만 어필하고 있는 홈페이지는 생명력이 짧습니다. 변별력이 떨어져 우리 병원에 대한 인식을 형성하기 어렵거나 병원브랜드에 대한 왜곡된 인식을 형성시켜 마케팅의 전환 성과를 내기 어려울 수 있습니다.

병원브랜드 홈페이지에 브랜딩 전략을 반영하려면, 홈페이지 제작을 업체에 의뢰할 때 기본적으로 병원의 아이덴티티와 진료상품의 전략적 구성, 포지셔닝 전략, 마케팅 전개 상황을 공유해야 합니다. 홈페이지 제작업체 역시 병원브랜드 홈페이지를 제대로 만들기 위해서는 이러한 중요 자료들을 병원에 적극적으로 요청해야 합니다.

또한 홈페이지에 구현될 주요 진료상품과 의료진의 경쟁력 요소, 참조해야 할 약점, 병원브랜드 스토리의 소스, 진료상품별 병원의 차별적 가치와 경쟁력 요소들에 대한 입증 자료들을 병원은 충분히 준비해서 제공하고, 홈페이지 전략 개발이나 웹 기획 단계에서부터 제작업체와 협의할 수 있어야 합니다.

홈페이지 제작업체 역시 단순히 디자인 시안을 컨펌받는 것이 아니라, 병원브랜딩을 고려한 홈페이지 전략과 웹 기획, 이를 직관적으로 보여주는 시안부터 클라이언트 병원에 프레젠테이션하고, 확정된 방향에서 콘텐츠와 디자인 개발을 하는 것이 더 효율적입니다.

병원브랜딩에 기여하는 전략적 홈페이지는 부분 보수만으로도 비교적 더 오랫동안 힘을 발휘합니다. 그것이 브랜딩 측면에서도 생산성 측면에서도 더 바람직한 일입니다. 당장의 제작비를 아끼려는 근시안적 사고와 병원의 자료 준비 소홀로 인해 비전략적인 홈페이지를 제작하거나, 병원을 잘 모르는 홈페이지 제작사들의 화려해 보이는 포트폴리오만 신뢰해 전적으로 맡기게 되면, 병원의 다양한 브랜딩과 마케팅 활동의 효과를 잠식시키는 상황이 벌어지기 쉽습니다. 그만큼 홈페이지 리뉴얼 시기가 빨라져 오히려 낭비가 커질 수 있습니다.

지금 귀원의 홈페이지에서 전달되는 병원브랜드의 이미지는 어떻습니까? 우리 병원의 아이덴티티가 적합하게 구현되어 있습니까? 병원브랜드에 대한 이미지를 집중시키는 메인 페이지의 메인 뷰, 진료상품과 병원브랜드의 콘텐츠를 전략적으로 구성한 사이트맵, 병원브랜드 소개 페이지와 진료상품별 콘텐츠 페이지 등 홈페이지의 다양한 요소들이 병원브랜딩 관점에서 포지셔닝 전략을 제대로 반영해 힘을 발휘하고 있습니까? 다른 병원들과 유사한 콘텐츠, 빤한 이미지, 식상하고 상투적인 인사말에 머물러 있는 것은 아닙니까?

지금 병원홈페이지를 살펴보고 우리 병원만의 차별적 경쟁력이 느껴지지 않는다면, 로그 분석 결과 이탈률이 적지 않다면, 리뉴얼을 적극 고려하시는 것이 좋습니다.

모바일 홈페이지 중요성 인식하기

모바일 환경에서의 마케팅이 중요하다는 사실은 이제 새삼스러울 것도 없습니다. 병원마케팅 성과 분석 데이터나 홈페이지 로그 분석 데이터를 통해서도 알 수 있듯이 모바일에서 검색되는 마케팅 콘텐츠를 통해 모바일 홈페이지로 유입되는 소비자가 PC에서보다 훨씬 많습니다.

이러한 현실을 반영해 병원의 다양한 마케팅이 모바일 환경에서 적극적으로 운영되고 있고, 모바일 홈페이지 제작에 공을 들이는 병원들 역시 늘고 있습니다.

아직도 모바일 환경에서 PC 버전 홈페이지를 불편하게 보도록 하는 병원이 있다면 모바일 홈페이지를 꼭 만드시길 바랍니다. 또 PC 버전 홈페이지의 기계적 축소 형태로 모바일에서 보이게 하는 반응형 홈페이지를 운영하고 있다면 앞서 소개한 약점을 고려해보시기 바랍니다.

모바일 환경에서 유저(목표 소비자)의 이용 행태를 기본적으로 고려한 전략적 모바일 홈페이지가 필요합니다. 우리 병원의 브랜딩 전략을 반영한 홈페이지를 PC 버전과 모바일 버전으로 만들되, 모바일에서의 가독성, 임팩트, 페이지 이동을 위한 터치와 상담의 편의성, 메뉴 창의 효율적 구성 등을 충분히 고려해야 합니다.

이때 모바일 유입률이 높다고 PC 버전을 소홀히 해서는 안 됩니다. 여전히 PC를 통해 검색과 홈페이지 방문을 하는 소비자도 중요하며, 모바일과 PC 기반을 자유롭게 중복 이용하는 경우도 흔합니다.

앞서 언급한 병원브랜딩 전략이 반영된 홈페이지의 PC 버전과 모바일 버전을 각 유저의 이용 행태를 고려한 UI(User Interface:이용자의 웹사이트 이용 경험에 의한 직관성을 바탕으로 홈페이지 상의 다양한 웹 기능을 편리하게 실현하도록 설계하기)로 구현하는 것이 주효합니다. 병원브랜드 콘셉트와 포지셔닝 전략, 콘텐츠 구성은 일관성을 갖추면서 PC·모바일 이용 환경에 각각 맞춰 가독성, 상담 및 콘텐츠 네비게이션 기능의 편의성을 높이도록 개발 또는 리뉴얼할 필요가 있습니다.

동일 병원의 PC 버전 홈페이지와 일관된 콘셉트을 유지하면서 모바일 환경에 맞게 기획, 제작한 모바일 홈페이지 사례(투비원)

홈페이지 전략적 관리와 보수補修의 중요성

홈페이지를 제작한 후에는 수년 간 게시물을 올리는 정도로만 소극적으로 운영하고 있는 병원들이 적지 않은데요. 홈페이지 관리 업체에 '유지·보수'를 맡기는 경우에도, 웹사이트가 소비자에게 안정적으로 보이도록 하는 서버 호스팅과 팝업 업로드, 퀵메뉴나 메뉴명을 수정하는 등의 간단한 보수 정도에 그치는 경우가 많습니다.

그러나 병원홈페이지가 병원브랜드 마케팅의 기본 툴이라면 당연히 병원의 마케팅 변화에 의해 홈페이지의 보수와 부분 변경 역시 적극적으로 이루어져야 합니다.

가령 새로운 진료상품을 마케팅하는데 그전에 만든 홈페이지에는 관련 콘텐츠가 없거나 후미에 '영양가 없이' 만들어져 랜딩페이지를 별도로 만들어야 한다면 통합 마케팅 측면에서 바람직하다고 볼 수 없습니다. 병원 광고나 마케팅 콘텐츠를 통해, 또는 병원브랜드 검색 후 홈페이지로 유입된 소비자에게 진료 관련 니즈에 대해 확신에 가까운 기대감을 주지 못하면 전환이 일어나기 어려워집니다.

앞서 말씀드린 것처럼 홈페이지가 목표 소비자의 병원브랜드 직접 체험 전 마케팅의 최종 게이트이기 때문에, 병원마케팅 전략의 변화나 피드백에 따라 홈페이지의 관련 콘텐츠나 커뮤니케이션 요소들의 보완 및 수정 역시 중요합니다. 또한 홈페이지 로그 분석 데이터를 지속적으로 피드백하면서 홈페이지 활성화 관리를 해나가야 하고, 적극적으로 콘텐츠를 보수할 필요가 있습니다.

가령 파워링크로 노출을 시도하는 광고 키워드와 연관성이 높은 홈페이지의 콘텐츠 페이지에서 이탈률이 높다면 신속히 그 페이지에 대한 리뉴얼을 검토해야 합니다. 방치할수록 광고 비용은 매몰됩니다.

상담 게시판 이용률이 생각보다 저조하면 게시판 활성화를 위한 방안 (상담 게시판의 디스플레이 효과나 편의성, 접근성을 제고하는 수정안이라든가)을 모색하거나 다른 툴을 추가 운영하여 상담 편의성을 높일 수 있고,

홈페이지에 이를 추가로 반영할 수 있습니다.

비용 상담창을 운영하다 오히려 먼저 비용이 노출되어 이탈률이 높다고 판단되면, 그 툴을 운영하지 않거나 다른 전략적 상담툴로 바꿔야 할 수도 있습니다.

이처럼 홈페이지 제작 후에도 병원은 진료 운영과 마케팅 상황, 병원브랜드에 대한 소비자 인식 등을 지속적으로 파악해 나가면서 피드백을 통해 적극적으로 보수를 시도할 필요가 있습니다.

따라서 홈페이지 제작을 의뢰할 때는 적극적이고 전략적인 홈페이지 보수에 대해서까지 충분히 가능한지를 살피고 합리적인 계약을 하는 것이 좋습니다. 물론, 호스팅 유지나 간간이 팝업을 올려주는 소극적 '유지·보수'보다 비용이 좀 더 들겠습니다만, 그로 인해 병원브랜딩과 마케팅의 효과를 제고할 수 있고 홈페이지 리뉴얼을 합리적으로 좀 더 미룰 수 있다면 실질적으로 더 이득인 것이죠.

단, 애초에 홈페이지가 브랜딩과 마케팅 기능을 잘 수행하도록 전략적으로 만들어진 경우에 한한 이야기입니다.

병원홈페이지 기획과 메뉴 개발

병원 입장에서는 웹 기반으로 우리 병원의 진료와 관련한 다양한 콘텐츠를 효율적으로 보여주는 툴이 병원홈페이지입니다. 소비자 입장에서는 가야 할 병원을 결정하기 전 참조해야 하는 선택의 근거지가 병원홈페이지입니다. 이 차이를 잘 이해하여 홈페이지를 기획하는 것이 필요합니다.

종종 의사의 관점에서 진료 정보를 충실하게 전달하고자 하는 원장의 욕구가 반영된 홈페이지들을 보게 됩니다. 그러나 소비자가 처음부터 우리 병원홈페이지에 와서 증상과 치료법을 이해하게 되는 경우는 거의 없습니다. (그런 진료 정보는 유명 대학병원들에서 잘 노출시키고 있기도 하고, 소비자도 블로그·지식인·환우 카페 등 다른 콘텐츠들을 통해 정보를 얻는 경우가 대부분입니다.)

오히려 일반적 정보로 구성된 진료페이지가 병원의 가치를 희석시켜 소비자의 이탈을 부추길 수도 있습니다. 개원가의 병원홈페이지는 소비자가 경쟁군보다 우리 병원을 선택할 수 있도록 가치적인 부분에 더 신경을

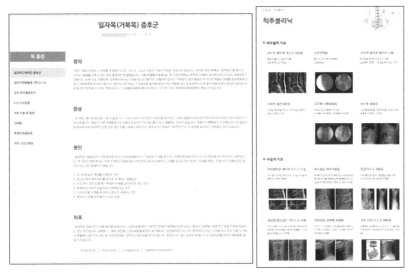

일반적 진료 정보나 경쟁군과 유사한 치료법의 나열만으로 홈페이지 전환 성과를 기대하기는 어렵습니다.

써야 합니다.

우리 병원의 차별적 가치, 진료의 신뢰 우위성을 홈페이지에서 구현하려면 앞서 말씀드린 것과 같이 홈페이지를 개발하기에 앞서 병원브랜딩 전략이 개발될 필요가 있습니다. 우리 병원이 어떤 차별적 가치를 추구하는 병원인지 인식시키고, 진료별로 보다 나은 신뢰를 느끼게 해서 경쟁군과 구별되게 하는 본질적인 근거, 바로 병원브랜드의 아이덴티티와 포지셔닝 전략이 홈페이지의 콘텐츠들을 통해 전달되어야 합니다.

이러한 병원브랜드 콘셉트와 포지셔닝 전략이 홈페이지에서 우리 병원에 대한 첫인상을 형성하게 하는 메인 페이지, 소비자가 정보 탐색을 위해 펼치게 되는 메뉴 구성(사이트맵), 가볼 만한 병원인가를 탐색하기 위해 조회하는 병원 소개 페이지, 어떻게 진료하나 확인하는 콘텐츠 페이지에 구

진료 정보 위주의 홈페이지를 병원의 차별적 신뢰성과 스토리텔링이 구현된 홈페이지로
리뉴얼하여 병원브랜딩·마케팅 효과를 높인 사례(투비원)

현되어 자연스럽게 병원브랜드에 대한 변별력과 내원 동기를 형성하도록
해야 합니다.

이러한 전략적 병원홈페이지를 제작하기 위해서는 먼저 병원의 소통과
관련 자료 협조가 중요합니다. 홈페이지 기획자가 병원의 브랜드 아이덴티
티와 주력 진료, 보조 진료 등의 운영 상황을 파악하고, 각 진료의 경쟁 상
황과 소비자 니즈까지 고려해야 전략적인 사이트맵을 비롯한 웹 기획을 진
행할 수 있습니다.

병원홈페이지 전략을 반영한 웹 기획

홈페이지를 제작한다고 하면 클라이언트 병원의 오리엔테이션을 간단

히 받고 웹 기획부터 시작하는 것이 다수지만, 사이트맵과 각 메뉴별 콘텐츠 구성, 웹 디자인, 프로그래밍 등 홈페이지의 세부 설계도를 만드는 웹 기획 이전에 홈페이지 전략을 개발하는 것이 필요합니다.

홈페이지 전략은 병원브랜딩과 포지셔닝 전략을 전제로 홈페이지에서 구현해야 하는 과제와 제작 방향을 정리한 것이라 할 수 있습니다. 가령 병원의 아이덴티티와 차별적 가치, 진료별 경쟁력, 경쟁군의 콘텐츠 상황, 소비자의 관련 니즈 등을 고려할 때 홈페이지의 메뉴 구성과 레이블링(메뉴명)을 어떻게 할지, 메인 페이지에서 어떤 메시지를 임팩트 있게 전달할지, 각 콘텐츠를 어떻게 기획할지, 어떤 요소들을 활용해 구체적으로 공감시킬지, 콘텐츠 간의 유기적 흐름을 어떻게 만드는 것이 인지의 효율성을 높일지 등 홈페이지 전략에 대한 기획안을 제시하여 병원과 협의하는 과정이 선행될 필요가 있습니다.

이러한 전략적 고민과 협의 없이, 특정 진료과 병원들은 '대략 이런 식의 메뉴 구성을 하고 이 정도로 콘텐츠를 정리한다'고 하는 패턴화된 웹 기획과 작업 방식으로 홈페이지를 제작한다면, 디자인에 신경쓴다 해도 홈페이지를 통해 목표 소비자가 느껴야 하는 차별적 신뢰가 충분히 형성되기 어렵고 그만큼 선택(상담·내원)받을 가능성도 낮아지게 됩니다.

어쩌면 실제 진료를 받고 나면 만족도가 높고 차별적 가치를 느낄 수 있는데, 홈페이지에서는 그러한 인식을 형성하게 할 콘텐츠가 미비해서 소비자 이탈이 가중되고 있는지 모릅니다.

실제 진료 과정에서 고객이 신뢰를 느끼게 되는 요소들, 가령 진료에 대한 의료진의 구체적인 노하우와 스토리, 안전과 만족스러운 치료 결과를 위해 특별히 운영하는 진료 시스템, 책임감과 진정성을 느끼게 하는 후관

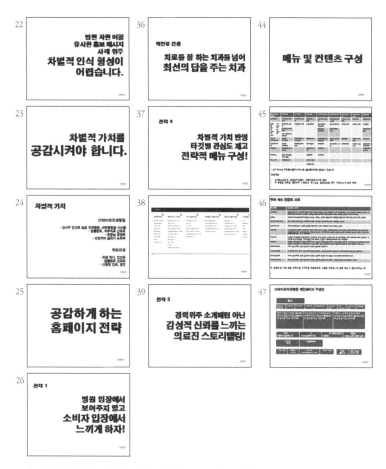

병원브랜딩 전략을 반영한 홈페이지 전략안 일부(투비원)

리 시스템 등 병원의 특별한 가치들이 경험 전 소비자에게 충분히 인식되도록 홈페이지가 전략적으로 개발되어야 합니다.

홈페이지 전략을 병원 원장 및 담당자와 공유하고 확정해야 전략을 반영한 웹 기획을 통해 공동의 목표대로 홈페이지를 개발할 수 있으므로 제작업체에게도 매우 중요한 과정입니다.

리뉴얼, 병원브랜딩 마케팅 실무

병원브랜딩·마케팅 전략과 이를 반영한 홈페이지 전략 개발 후 홈페이지를 리뉴얼하여 전환성을 높인 예(투비원)

합의된 홈페이지 전략에 의해 향후 개발될 홈페이지 콘텐츠의 자료들을 병원에 요청할 때도 전략을 공유한 클라이언트 병원에서 더욱 충실히 준비해줄 수 있어 양질의 소스들을 공급받기가 원활해집니다. 그래야 경쟁력 있는 병원브랜드 홈페이지를 개발할 수 있게 되겠죠.

저는 때때로 홈페이지 전략을 개발하는 과정에서 새로운 진료 시스템을 제안하는 경우도 있습니다. '우리 병원이 치료를 잘한다'는 말을 이렇게 저렇게 표현하는 것만으로는 소비자의 반응을 얻기 어렵습니다. 실제로 어떻게 구현되어 그렇게 될 수 있는지를 입증하는 시스템, 과정의 구체적 소개, 관련 후기나 스토리텔링이 홈페이지에서 적절히 구성되고 유기적으로 연결될 때 반응을 일으킬 수 있습니다. 그러한 홈페이지 전략을 기획하면서 실제 병원에서 관련 진료 시스템을 운영하도록 역으로 제안하게 된 것입니다.

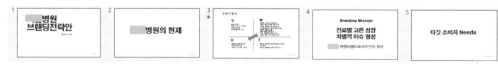

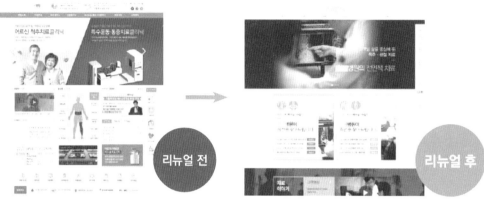

경쟁군과 유사한 진료와 사례, 후기 구성만으로 변별력을 느끼기 어렵습니다. 브랜드 콘셉트와 포지셔닝 전략이 반영된 홈페이지에서 구체적 진료 가치와 시스템 어필을 통해 브랜드 파워를 높여야 합니다. (투비원 사례)

이처럼 브랜드 파워를 발휘하는 홈페이지를 제작하기 위해서는 병원브랜딩 전략의 관점에서 어떻게 콘텐츠를 통해 차별적 가치를 공감시킬 것인가에 대한 화두를 놓고 기획하는 것이 필요합니다.

병원의 진료 소개 메뉴는 단순하게 구성되어 있고, 병원 소개 메뉴는 인사말, 의료진 경력, 인테리어, 진료 시간과 약도 같은 기본 정보로만 이루어져 있다면, 경쟁 상황에서 우리 병원의 변별력을 높이고 브랜드 로열티를 강화하기 위한 전략적인 리뉴얼을 고민하시기 바랍니다.

병원홈페이지 메뉴 개발

홈페이지 사이트맵(콘텐츠 네비게이션 기능을 하는 메뉴들 전체 구성)을 기획하는 일은 병원이 운영하는 진료를 기계적으로 넣고 형식적인 병원 소개 메뉴를 추가하는 식이어서는 곤란합니다. 많은 병원들이나 홈페이지 제작업체들이 진료과별로 유사한 메뉴들을 적용해 병원의 변별력을 떨어뜨리는 것은 안타까운 일입니다.

홈페이지 메뉴 창(구성되어 있는 사이트맵)은 유입된 소비자에게 병원 탐색에 필요한 콘텐츠를 효율적으로 찾아가게 하는 기능 외에도 이 병원이 어떤 진료의 경쟁력을 갖고 있는지, 신뢰성이 어느 정도인지를 느끼게 하는 디스플레이 효과를 발휘합니다.

따라서 홈페이지 메뉴 개발을 할 때는 병원브랜드에 대한 신뢰와 기대를 형성하게 하는 브랜딩 효과와 홈페이지 콘텐츠 조회를 증대시켜 전환 성과로 이어지게 할 수 있는 마케팅 효과를 고려할 필요가 있습니다.

또한 앞서도 언급했듯이 홈페이지 메뉴 구성은 병원브랜드 포지셔닝 전략을 반영한 콘텐츠의 구성을 고려해야 합니다. 가령 병원의 특별한 진료 시스템이나 서비스를 개발해 이를 브랜드 포지셔닝에 적극 활용하고 있다면 홈페이지에서도 이에 대한 메뉴명과 강조가 이루어져야 할 것입니다. 의료진의 진료 수준이 핵심 가치가 된다면 이를 어필할 콘텐츠를 염두에 둔 서브 메뉴들과 레이블링(메뉴명) 역시 전략적으로 개발되어야 합니다.

병원브랜드 가치와 진료상품 경쟁력의 어필을 위해 어떤 메뉴들(동시에 그에 대한 콘텐츠들)을 구성할지에 대한 전략적 고민은 홈페이지 제작에서 필수입니다.

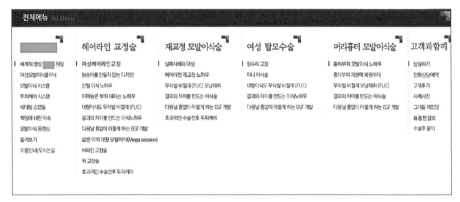

수년 전 개발한 병원홈페이지의 사이트맵과 레이블링 사례(투비원)

　　진료상품군을 어필하는 메뉴 구성은 우리 병원의 아이덴티티를 반영하고 실제 운영되는 진료상품군을 전제로 하면서도 홈페이지에서의 진료 콘텐츠 구성을 고려해 이루어지는 것이 바람직합니다.

　　가령 실제 운영되는 특정 진료에 대해 홈페이지에서는 우리 병원의 차별적 신뢰를 어필하기 위해 후유증이나 재발 위험성의 경각심을 일깨우는 내용, 우리 병원의 진료 경쟁력을 어필하는 내용, 의료진의 관련 스토리텔링 등을 유기적으로 구성하여 메뉴화할 수도 있습니다. (물론 병원의 이러한 특별한 가치들은 실제 병원브랜딩을 통해 내원 고객에게 공감되어야겠죠.)

　　개원이나 후발로 새로운 진료상품을 론칭하는 병원이 레드오션의 해당 진료상품에 대한 경쟁군의 마케팅과 그로 인해 형성된 소비자 편견에 대해 새로운 이슈를 부각시킴으로써 병원브랜드 포지셔닝 마케팅을 진행하는 경우에는, 그 이슈에 대한 콘텐츠를 체계적으로 구성하는 것을 전제로 홈페이지 메뉴를 구성할 수도 있습니다.

　　가령 비만 시장에 새로운 비만 시술 상품을 론칭할 때, 흔히 하듯 비만 치료와 의료진만 기계적으로 소개하는 메뉴와 콘텐츠 정도로 홈페이지를 구성하는 것은 경쟁에서 병원브랜드의 변별력을 효과적으로 만들어내지 못할 것입니다.

그러나 목표 소비자에게 비만 치료의 재발률, 요요의 부작용 등에 대한 문제를 생각하게 하고, 무엇을 새롭게 주목할 것인지를 제시하는 병원의 진정성 있고 풍부한 콘텐츠를 홈페이지의 메뉴별로 구성한다면, 전략적인 병원브랜드 홈페이지로서의 기능을 충분히 할 수 있죠. (이것은 그간의 제 경험이기도 합니다.)

이러한 전략적인 콘텐츠들과 그에 대한 메뉴들을 기획할 수 있는 것은, 홈페이지를 병원(진료상품과 정보의 공급자) 입장에서 일방적으로 정보를 전달하는 툴로 인식하는 것이 아니라, 소비자와 소통하는 마케팅 커뮤니케이션의 툴로 인식하는 관점의 차이에서 기인합니다.

병원브랜드의 핵심 가치이자 차별적 가치를 보여줄 콘텐츠에 대한 메뉴들은 메뉴바 디스플레이에서도 앞에 위치시키고, 메뉴 창의 디자인이나 메인 페이지의 링크 배너로 강조할 수도 있죠.

브랜드 포지셔닝 전략을 반영한 병원 소개 메뉴나 경쟁력 있는 진료상

병원 소비자의 진료 관련 인식과 이슈 형성을 추구한 전략적 홈페이지 메뉴 사례(투비원)

품에 대한 메뉴의 명칭(레이블)부터 특별하게 만들 수도 있습니다. 이는 진료명 자체를 병원이 독자적으로 개발해서 임의로 적용하는 것을 의미하는 것은 아닙니다.

메뉴명은 홈페이지 콘텐츠를 선택하게 하는 내비게이션의 각 항목에 대한 명칭입니다. 병원브랜드의 진료상품에 대한 특별한 가치를 느끼게 하고, 메뉴 클릭 시 이동되는 콘텐츠에 대한 기대감을 높이는 카피라이팅 같은 표현일 수 있습니다.

이러한 레이블링에서 메뉴바 공간의 한계를 고려해야 하고, 메뉴명이 2행으로 떨어지지 않게 배치해야 하며, 무엇보다 소비자 그 누구도 직관적으로 이해할 수 있어야 한다는 것에 주의하세요. 이러한 제약에도 불구하고 전략적이고 감각적인 레이블링은 가능합니다. (저 역시 다양한 병원 홈페이지마다 그런 레이블링을 통해 전환율 제고에 기여한 경험들이 있습니다.)

그러나 메뉴명이 과도하게 창작되어 무엇을 보여주려는 것인지 감을 잡기 어렵다거나 홈페이지 전략과 배치되어 보인다면 안하느니만 못합니다. 홈페이지 메뉴명은 직관적이어야 합니다. 메뉴명을 보는 순간 '뭐에 대한 이야기인지 알겠다, 내가 찾는 정보가 여기 있겠구나!' 하는 생각이 바로 떠오르는 수준이어야 합니다.

병원들이나 홈페이지 업체들 중에는 진료상품에 병원 고유의 네이밍을 해서 홈페이지 메뉴로 반영하려는 경우들이 있는데, 이는 신중하게 따져봐야 합니다.

경쟁이 치열하지 않은 초기시장의 진료상품으로서 리더 브랜드가 될 수 있다든가, 적극적인 마케팅을 해서 진료상품 이름을 목표 소비자들에게

병원	비만하나만	람스	지방흡입	성공기	상담/예약
병원소개	비만 외길 15년	원조 람스	WHY ▨▨ 지방흡입	전체 성공기	비용안내
의료진소개	비만 학술·연구	무한보틀 무한람스	병원급 지방흡입	지방흡입 성공기	온라인상담
지점소개	비만 식이영양	안심후불 무한람스	보건복지부 인증 병원	람스(LAMS) 성공기	전화상담
새소식	비만 하나만 치료	세계가 주목한 람스	최다 지방흡입 병원	베스트성공기	카카오톡 상담
글로벌 ▨▨		30만 보틀 인기비결	부위별 전담의 지방흡입	나의 성공기	온라인예약
▨▨ 미디어		리얼 람스 스토리	지방흡입 재수술		FAQ
온 세상에 사랑과 나눔			365mc와 인공지능의 만남		고객의소리
			리얼 지방흡입 스토리		

새로운 진료명을 마케팅으로 인식시키면서 홈페이지에서 메뉴로 세분화하여 브랜딩 한 병원 사례

인식시킬 충분한 예산과 전략이 있다든가, 그렇게 할 만큼 시장이 크게 형성될 수 있다든가 하는 경우들에서는 고려할 만합니다.

그러나 경쟁이 치열한 다수의 진료상품 시장에서, 또 병원광고들의 의료광고법 적용 확대가 이루어지는 상황에서, 홈페이지 메뉴명으로 표현된 생소한 진료명이 병원마케팅에서 인지되는(의료 광고 기준에 따른) 진료상품명과 불일치하면 인지가 잘 이루어지지 못합니다.

또 소비자는 경쟁군들의 마케팅이나 경험자들의 커뮤니케이션 상황에 의해 익숙해진 진료명을 전제로 정보를 이해하게 되므로, 그와 다른 진료명(메뉴명)을 쉽게 수용하기 어려워집니다.

병원홈페이지 콘텐츠 페이지 개발

  진료를 목적으로 병원홈페이지들을 비교 탐색하는 소비자들에게 병원홈페이지의 콘텐츠는 '이 병원을 고려해야겠다'는 마음을 불러일으키게 하는 중요한 근거이고, 소비자는 바로 그것을 찾고자 홈페이지 콘텐츠를 봅니다.

  이처럼 홈페이지 콘텐츠는 마케팅의 성공에 직결되는 중요한 요소라는 것을 병원들이 자각할 필요가 있습니다. 콘텐츠가 부실한 채 디자인만 중시하는 것은 생명력이 길지 못하고, 병원브랜드의 경쟁력도 크게 높이지 못합니다.

  간혹 병원홈페이지의 콘텐츠를 진료 정보로 생각하는 경우들이 있습니다. 병원홈페이지의 진료 메뉴들을 클릭했을 때 보이는 콘텐츠가 시술(수술)의 장점, 시술 과정 등 일반 진료 정보 위주이거나 경쟁군과의 변별력이 느껴지지 못한다면 병원홈페이지 방문 소비자에게 그 병원에 가봐야겠다는 생각을 불러일으킬 수 있을까요?

결국 사례, 후기, 비용, 접근성 등의 요건을 두고 좀 더 유익해 보이는 곳으로 이탈하게 됩니다. 이렇게 되는 이유가 병원홈페이지 콘텐츠 부실에 기인하는 경우가 적지 않습니다.

개원 당시 사례나 후기의 DB가 거의 없는 상태의 홈페이지지만 콘텐츠 파워로 상담과 예약이 꾸준히 증가한 경험들을 한 원장들은 동의하리라 봅니다. (저 역시 그런 경험들을 해왔기에 확신할 수 있습니다.)

소비자가 병원홈페이지를 이용하는 목적과 행태를 이해한다면, 병원홈페이지의 콘텐츠는 당연히 병원브랜드의 경쟁력을 어필하고 차별적인 신뢰를 형성하도록 개발되어야 합니다.

또한 병원홈페이지의 콘텐츠는 검색 광고, 블로그, SNS 등 마케팅 콘텐츠에서 다루는 소재와 주제를 가급적 포함하고 있는 것이 좋습니다. 홈페이지 제작 후 새로운 진료상품을 운영하면서 광고만 집행한 경우들이 종종 보이는데, 이를 통해 목표 소비자가 홈페이지에 랜딩해서 확인할 관련 콘텐츠가 준비되어 있지 못하면 광고비는 매몰되고 소비자는 이탈하게 됩니다.

병원홈페이지 콘텐츠 개발

경쟁군의 홈페이지 콘텐츠와 차별화되면서 소비자에게 설득의 우위를 가지는 콘텐츠를 개발하려면 정보 공급자인 병원의 입장, 의료진의 시각에서 일방적으로 전달되는 방식을 지양해야 합니다. 홈페이지 콘텐츠 경쟁 속에서 선택되는 현실을 자각해야 합니다.

먼저 경쟁군의 콘텐츠는 물론, 목표 소비자의 병원과 진료상품에 대한 정보와 인식 상황, 니즈를 최대한 파악하고 이를 콘텐츠 개발에 참조하도록 합니다.

가령 피부과 홈페이지 콘텐츠들이 경쟁군과 유사하게 장비의 특·장점을 나열하고 유사한 시술 사례를 보여주는 것에 그친다면, 소비자들은 동일 장비나 유사 효과를 홍보하는 경쟁 병원들과의 비교에서 비용을 비롯해 유리한 조건을 따지고 이탈할 수 있습니다.

이와 달리, 목표 소비자들이 레이저 시술에서 효과 못지않게 관심을 갖는 것이 부작용이나 다운타임의 이상증세에 대한 것이라면, 시술 경쟁력 어필과 병원의 차별적 신뢰 형성을 위해 그 점을 적극적으로 활용할 수 있을 것입니다. 그에 대한 병원의 구체적인 노하우와 예방 시스템 등의 정보가 진정성 있게 전달되면 일반 진료 장점만 늘어놓는 경쟁군 홈페이지보다 차별적 우위성을 가질 수 있겠죠. (이것은 이해를 돕기 위한 것이니 공식처럼 생각하지는 마세요.)

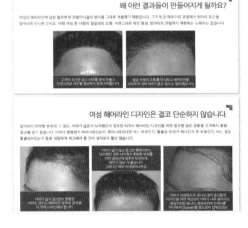

수년 전, 개원 병원의 차별적 가치를 설득하기 위해 부작용 발생 원인 등을 통해 시술 노하우를 쉽게 이해시킨 홈페이지 콘텐츠 개발 사례(투비원). 당시 사례와 후기 DB 없이도 개원 후 빠르게 수술 예약률을 높인 일등공신으로 평가되었습니다.

병원홈페이지 콘텐츠에서 소비자가 주목하는 의료진에 대한 경쟁력 역시 학력과 학회 활동 나열 수준의 간단한 이력 소개보다 그의 캐릭터가 느껴질 수 있는 스토리텔링을 병행하는 것이 좋은 시도가 될 수 있습니다.

병원 스토리텔링을 위해 사전에 의료진에게 설문과 인터뷰, 관련 사진이나 입증 자료들을 요청하여 기획해볼 수 있는데, 물론 의료진의 협조가 중요합니다.

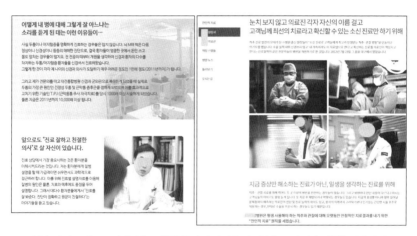

수년 전 의료진 스토리텔링을 구현해 차별적 신뢰와 진정성을 공감시킨 병원홈페이지 사례들(투비원)

병원브랜드의 차별적 신뢰 형성(브랜딩 효과)을 위해 병원브랜드 소개페이지를 전략적으로 개발해보시길 권합니다. 소비자에게 와닿지 않는 경영 철학이나 식상한 인사말, 관심을 끌기 어려운 HI(병원 로고와 심볼) 디자인 소개 페이지 등을, 방문 목적을 갖고 있는 유저가 효율적으로 콘텐츠를 확인하는 홈페이지에 메뉴로 넣는 것은 비추입니다.

병원브랜드의 차별적 신뢰성과 진정성을 느끼게 할 수 있는 스토리텔링이나 감성적 브랜디드 콘텐츠, 전략적으로 잘 만들어진 브랜드 영상 등 소비자가 흥미를 느낄 매력적인 병원브랜드 콘텐츠를 개발해보시기 바랍니다.

특히 병원브랜드의 콘셉트(아이덴티티, 포지셔닝 전략에 의한 키워딩이나 키 메시지)가 잘 전달될 수 있는 전략적 콘텐츠를 개발하여 브랜드로서의 변별력을 높이는 것이 주효합니다.

이러한 콘셉트는 통합 마케팅을 통해 인지 효과를 충분히 높임으로써 궁극적으로 브랜드로서의 차별적 인식을 형성하도록 해야 합니다.

홈페이지의 병원브랜드 포지셔닝 콘셉트가 통합 마케팅에 의해 다양한 접점에서 일관되게 실현됨으로써 효율적 인지가 되도록 해야 합니다. (투비원 사례)

이러한 홈페이지 콘텐츠 개발은 전문 분야입니다. 웹사이트의 속성을 이해하고, 그를 기반으로 콘텐츠 구성을 할 수 있는 웹 기획력은 물론이고, 웹 카피라이팅과 이미지나 영상 등 다양한 콘텐츠에 대해서도 이해도가 높아야 합니다.

특히 병원브랜드 홈페이지라면 브랜딩 전략을 바탕으로 창의적인 콘텐츠 개발을 할 수 있어야, 치열한 경쟁 속에서 전환율과 마케팅 성과를 높이는 홈페이지 제작이 가능해집니다.

병원홈페이지는 실로 많은 요소들로 구성되어 있습니다. 병원브랜드를 어필하는 메인 페이지의 메인 뷰, 주요 진료상품이나 프로모션 등을 어필하는 배너들, 메뉴 창, 각 콘텐츠 페이지, 상담 게시판, 후기나 사례 게시판, 병원 소식이나 공지 게시판, 팝업, 경우에 따라 병원브랜드 홍보 영상이나 링크되는 SNS 콘텐츠 등 다양한 콘텐츠들로 구성되어 있죠.

이 다양한 콘텐츠들의 전략적이고 유기적인 구성과 효율적인 흐름도 신경써야 합니다. 유저(병원 소비자)가 병원홈페이지에서 얻고 싶은 정보에 대한 니즈, 빠르게 훑어가는 이용 행태와 그 속에서 형성되는 인지 상황 등을 기본적으로 고려해야 합니다. 그들이 스크롤을 내려가며 홈페이지 콘텐츠를 훑어보는 상황에서 우리 병원이 전략적으로 인식시켜야 할 키워드, 키 메시지 등을 주목하게 하고, 불편하지 않게 볼 수 있도록 개발되고 점검되어야 합니다.

다수의 병원홈페이지에서 콘텐츠 페이지는 웹 카피라이터나 그 역할을 하는 담당자 자신이 이해하지 못한 진료 정보를 베껴 쓴 듯 보이는데, 그런 콘텐츠는 소비자에게도 이해되기 어려워서 반향을 일으킬 수 없습니다.

저 역시 병원홈페이지 개발을 위해 병원브랜드와 진료상품에 대해 최

대한 명확한 이해를 하고자 시간과 에너지를 투여합니다. 그렇게 한 만큼 병원브랜드의 특별한 가치가 소비자에게 직관적으로 전달될 수 있고, 그래서 전환율을 높일 수 있는 콘텐츠 기획과 카피라이팅이 가능해집니다.

소비자가 원하는 정보, 소비자가 관심을 가질 만한 이야기들이 빠르게 읽히고 콘텐츠 페이지 끝까지 집중도나 흥미도를 유지할 수 있어야 좋은 카피라이팅입니다. 특히 콘텐츠 초반에 소비자의 인식을 붙들 수 없다면 페이지에서 이탈되고, 병원이 전달하고자 하는 정보는 소비자에게 도달하지 못합니다.

이와 관련해 한 가지 팁을 알려드리자면, 진료 소비자가 알고 싶은 결론을 앞으로 배치하고, 그것이 가능한 이유, 관련한 우리 병원 노하우, 이러한 노하우가 없을 때 발생할 수 있는 문제 식으로 (소비자의 니즈와 이해도의 흐름에 맞춰) 정리하는 것이 더 효과적일 수 있습니다.

홈페이지 콘텐츠를 병원이 컨펌할 때는 내용 오류가 없는지 점검하게 하고, 소비자 입장에서 빠른 전달과 이해가 가능한지도 모니터링 하는 것이 좋습니다. 주위에 소비자 입장에서 읽어줄 사람들에게 보여주고 의견을 구하는 식으로 최대한 객관적이어야 합니다. (병원 의료진이나 직원들 선에서 체크를 마무리하려 하지 마세요. 그들은 소비자 입장이 되기 어렵습니다.)

콘텐츠 페이지뿐 아니라 팝업 창, 상담 툴, 퀵메뉴, 로그인 유도창 같은 것들 역시 기획과 카피라이팅에 의해 소비자 반응을 더 끌어낼 수 있습니다.

홈페이지 여기저기에 보이는 이미지들 역시 콘텐츠라고 생각하셔야 합니다. 병원브랜드 홈페이지의 차별적 인식을 형성하게 하고, 콘텐츠의 이해도를 높이고, 병원브랜드의 특별한 가치를 직관적으로 공감시키는 데 중

요한 영향력을 행사하는 콘텐츠 요
소죠.

그래서 여기저기 흔히 보이는 모
델 이미지, 병원 진료와 연관성이 떨
어지는 이미지들, 장비업체가 제공
하는 동일 이미지들, 인테리어 이미
지 위주의 구성은 비추입니다.

병원 진료 현장의 생생함이 느껴
지는 촬영 사진들을 사용해보세요.
진료의 이해를 돕는 의학적 이미지
를 활용할 때도 직관적으로 이해되
도록 처리하여 적용하면, 훨씬 콘텐
츠가 생생해지고 병원브랜드의 진정
성이 느껴지면서 주목률이 더 높아
질 것입니다.

수년 전 병원브랜드 모바일 홈페이지의 상
담 툴 이용률 제고를 위해 상담 안내 카피
를 개발한 사례(투비원)

콘텐츠 페이지의 이미지들이 내용과 잘 매치되도록 배치하고, 캡션(사
진에 대한 간단한 설명이나 타이틀)도 좀 더 공을 들여 카피라이팅 하면 콘
텐츠 인지 효과가 더 좋아집니다.

병원홈페이지에서 영상을 활용하는 경우들도 늘고 있는데요. 병원의
유튜브 채널에 업로드된 영상을 링크하는 경우들도 흔해졌죠. 병원브랜드
영상 역시 홈페이지의 콘텐츠죠.

그런데 유튜브의 영상 링크는 경쟁군 영상으로 이동이 최대한 되지 않
도록 처리할 필요가 있습니다. 이외에 홍보 영상으로 제작한 것을 홈페이

지에서 활용할 때는 애초에 브랜딩 전략적 관점의 영상 제작을 하되 유저가 끝까지 볼 수 있을 정도의 러닝타임과 흥미 요소들을 적절히 적용하는 것이 좋습니다.

병원 입장에서 보여주고 싶은 것을 보여주는 식의 빤해 보이고 지루한 홍보 영상은 이탈되기 쉽습니다. 또한 다양한 사양의 컴퓨터나 스마트폰에서 빠르게 재생되지 않는다면 역시 이탈 우려를 낳을 수 있어 심사숙고하시기 바랍니다. (영상 관련한 내용은 브랜디드 콘텐츠 편에서 다룹니다.)

이상에서 알 수 있듯이 병원홈페이지의 콘텐츠 개발을 위해서는 병원 브랜딩과 마케팅 전략의 관점, 목표 소비자와 경쟁군에 대한 관련 자료 조사, 병원의 다양한 콘텐츠 요소들과 재료, 웹사이트 운영에 대한 이해, 창의력, 타인을 공감시킬 수 있는 카피라이팅 등이 요구됩니다.

병원홈페이지 디자인 개발

홈페이지의 디자인은 오프라인 매체의 디자인과 다르죠. 출력에 의한 것이 아니고 웹 구현 방식으로 보이는 것이어서 제작 공정이 다르다는 것, 인쇄상의 컬러와 웹에서의 컬러가 다르고 UI가 적절히 구현되도록 하는 것이 중요하단 사실을, 병원홈페이지 컨펌 주체인 원장과 담당자도 이해하고 있어야 합니다. (사실 많은 병원들이 홈페이지 디자인을 오프라인 디자인과 혼동해서 오해를 하는 일들이 종종 있습니다.)

또한 PC와 모바일 각 디바이스에 적합하게 구현되어야 한다는 것, 특히 모바일 홈페이지의 제한된 화면에서 구성의 제약을 고려해야 합니다. 가령

한 번에 보이는 화면 크기 내에서 메인 뷰와 콘텐츠 노출 부분, 헤드카피와 서브 타이틀의 적절한 배치, 텍스트 흐름 등에 대해 유의해야 합니다.

병원홈페이지는 일반적 진료 정보나 질환 정보를 얻는 웹사이트가 아니라 다른 경쟁군과 우리 병원을 구별 짓게 하는 브랜딩 차원의 마케팅 툴이라는 점을 웹 디자인에서도 역시 유념해야 할 것입니다. 병원도 이에 대한 투자를 당연시해야 합니다. 병원브랜딩과 마케팅 효과를 위해서 중요합니다.

경쟁군과 차별화한 병원브랜드 홈페이지 개발 사례(투비원)

병원홈페이지가 브랜딩을 전제로 해야 하는 만큼 디자인 역시 메인 페이지부터 디자인의 연계성을 갖는 서브 페이지들에 이르기까지 병원브랜드의 콘셉트를 반영하고, 병원 고유의 브랜드 이미지를 형성하여 변별력을 높이는 것이 중요합니다.

HI(병원브랜드 아이덴티티를 반영한 로고) 매뉴얼에서 규정한 메인 컬러와 서브 컬러를 적용하고, 로고 타입을 일관성 있게 위치시키고, 콘텐츠 페이지마다 일정한 디자인 tone&manner를 적용하는 등 브랜드 웹사이트로서의 이미지를 구현해야 합니다.

병원홈페이지의 콘텐츠는 쇼핑몰이나 기업의 웹사이트에 비하면 정보(텍스트)가 많은 편이라서 그에 대한 효율적 전달이 중요합니다. 디자인도 그러한 특성을 고려해 정보를 입체적으로 구성함으로써 지루하지 않게 하고, 집중도와 직관적 이해도를 높이도록 노력해야 합니다.

텍스트를 짧은 호흡으로 스피디하게 읽어 내려갈 수 있도록 하고, 내용과 관련하여 이해와 관심을 끌 수 있는 비주얼 요소들을 적절히 활용하면서 구성의 체계적 흐름을 만들어야 하는 것 역시 병원홈페이지 디자인에서 중요한 덕목입니다.

내용과 유기적으로 연결된 정보 페이지나 영상으로의 이동을 가능하게 하는 하이퍼링크의 효율적 구성 또한 고려되어야 할 필요가 있죠.

보통 웹 기획서를 반영한 디자인을 하게 되는데, 병원브랜딩 전략과 홈페이지 콘셉트를 충분히 이해한 상태에서 디자인을 개발할 필요가 있습니다. 그래야 메인 페이지와 콘텐츠 페이지에서의 각 임팩트와 비주얼 요소를 적절히 구현하고, 전체적인 디자인에서 느껴지는 분위기에 이르기까지 전략적으로 진행할 수 있습니다.

메뉴 창 하나만 해도 전체적으로 내려온다면 어떻게 디자인할지, 각 메뉴 탭별로 오픈된다면 어떻게 디자인할지, 메뉴 창에 비주얼 요소를 넣은 특별한 형태의 디자인을 할 것인지, 폰트와 색은 어떻게 할지 등등 디자인 요소별로 고려할 것이 많습니다.

그러나 아직도 병원홈페이지를 간단히 정보의 플랫폼으로만 여겨 브랜드 아이덴티티의 고려는커녕 유사한 폼과 패턴을 활용한 경우들이 많습니다. 그러한 홈페이지들은 병원 로고를 빼면 이렇다 할 특징이 없어 비교 탐색하는 유저들에게 차별적 인식을 형성하기 어렵습니다.

그런가 하면 병원브랜드 전략의 이해 없이 메인 페이지 임팩트나 디자인 요소만 과도하게 구현한 경우들도 있습니다.

또는 병원브랜드 아이덴티티나 콘텐츠 상황에 대한 고려 없이 특정 브랜드 웹사이트를 모방하고 싶어 하는 이들도 있습니다.

병원홈페이지는 수년간 브랜딩과 마케팅 효과에 기여할 수 있어야

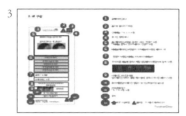

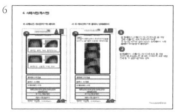

모바일 홈페이지 웹 기획서 일부(투비원)

합니다. 그런 점에서 홈페이지의 디자인은 전략적 콘텐츠를 잘 받쳐줄 수 있어야 하고, 병원브랜드의 차별적 인식 형성에 기여해야 합니다. (잠시 눈길을 잡는 수준의 디자인으로는 역부족입니다.)

병원홈페이지 운영 가이드

병원홈페이지가 완성되면 테스트를 거쳐 오류나 버그를 최종 확인, 수정한 후 오픈하게 됩니다. 우리 병원홈페이지가 포털사이트에서 보이려면 사이트 등록도 해야 하지요. 이후 마케팅에 의해 우리 병원의 홈페이지 검색과 방문이 늘어나게 되는데요.

병원은 홈페이지 제작 후 대개 제작업체와 유지·보수 계약을 맺고, 서버 호스팅과 팝업 게시 등의 서비스를 받게 됩니다.

병원 내부에서는 홈페이지의 관리자 사이트에서 상담 게시판, 예약 툴의 소비자 이용 상황을 파악하여 응대하고, 사례·후기·소식·공지 등의 게시판에 게시물을 올리는 것이 보편적입니다.

최근에는 홈페이지에 유튜브, SNS, 블로그 등 병원이 운영하는 마케팅 콘텐츠가 링크되도록 관리자에서 썸네일 이미지와 링크 주소를 올리는 등 좀 더 관리 업무가 늘어나는 경향이 있습니다.

그런데 병원이 홈페이지 제작에 신경을 쓰는 것에 비해 전략적 보수를 이해하고 운영하는 경우는 많지 않습니다. 게시물이나 팝업 등의 콘텐츠도 패턴화된 형태로 업로드하는 경우가 많습니다.

앞서도 설명드렸듯이 홈페이지가 병원브랜딩과 마케팅 목적의 커뮤니케이션 툴이라는 것을 이해한다면, 업로드하는 콘텐츠에 대해 기계적으로 처리하지 않도록 해야 합니다.

뿐만 아니라 광고, 블로그 등 다양한 마케팅 콘텐츠에 의해 홈페이지로 유입된 소비자에게 관심 있는 진료 콘텐츠가 설득력 있게 보일 수 있도록 콘텐츠 페이지의 보완·수정도 이루어져야 합니다.

병원홈페이지의 전략적 유지·보수

심혈을 기울여 만든 홈페이지라도 운영하면서 유저의 이용 행태와 반응을 피드백해야 합니다. 로그 분석을 통해 홈페이지의 체류 시간이 적정한지, 상담으로의 전환이 이루어지는지를 체크하고, 성과가 저조한 콘텐츠나 게시판은 원인을 분석해 수정해야 할 것입니다.

또 병원이 새로운 진료상품을 론칭하거나 타깃 세그먼트(목표 소비자를 세분화해 공략하는 포지셔닝과 마케팅의 전략)를 통해 새로운 시장 진출을 하기로 하는 등 진료상품에 대한 변화를 꾀한다면, 홈페이지에서도 그 부분의 메뉴 및 콘텐츠, 메인 페이지 내 어필, 관련 유입 요소 등의 추가 보강이 이루어져야 합니다.

기존 진료상품 카테고리에서 타깃 세그먼트에 의한 새로운 진료상품(엄밀히 말하자면 질적으로 전혀 다른 진료가 아니라 대상별로 특별한 시스템이나 가치를 추가 또는 어필한 것)을 추가해야 한다면, 메뉴명과 그 콘텐츠 페이지를 추가로 만들어 기존 메뉴 창에서 삽입될 메뉴 위치를 정하고 콘텐츠를 노출시키면 됩니다.

기존 진료상품들과 질적으로 다른 새로운 진료상품의 론칭이라면, 메뉴 바 상단 큰 카테고리에서 메뉴를 추가하고 그 아래 서브 메뉴들을 구성할 수 있습니다.

진료상품 추가건이 아니어도 진료상품을 운영하면서 진료 서비스나 시스템, 장비나 시설, 의료진 등의 변화가 생겼을 때, 또는 진료상품에 대한 이슈나 여론, 경쟁군들의 마케팅 변화 등 외부 요인에 대응해야 할 때, 기존 진료 메뉴나 병원브랜드 메뉴의 콘텐츠 페이지 내용에 보완이나 수정이 이루어질 필요가 생깁니다.

새로운 진료나 이슈를 홈페이지에서 적극적으로 알리기 위해 메인 페이지에서 메인 뷰나 진료상품 배너를 추가 또는 변경할 수도 있고, 팝업 창을 추가로 띄울 수도 있습니다. 이때 추가되는 콘텐츠와의 연관성, 병원브랜드 홈페이지 디자인과의 통일성을 고려해야 하고, 클릭해서 이동되는 상세페이지와의 연계도 잘 구축되어야 합니다.

이처럼 병원브랜딩 및 마케팅 상황의 변화나 홈페이지 이용 상황에 따라 홈페이지 각 요소들이 수정·보완될 필요가 있으므로 홈페이지 유지·보수는 적극적으로 이루어져야 합니다. 병원도 그에 대한 투자를 기꺼이 해야 합니다. 마케팅 성과가 홈페이지에서 최종적으로 이루어진다는 점을 고려하면 이해하실 것입니다.

홈페이지 제작을 의뢰해야 할 때 그러한 적극적 유지·보수를 잘할 수 있는가에 대해서까지 살펴보는 것이 좋습니다. 특히 진료나 새로운 이슈에 대해 콘텐츠 추가를 해야 한다면, 병원브랜딩 전략의 관점에서 홈페이지 보수를 진행해야 하므로 이에 대해서도 고려할 필요가 있겠죠.

그런데 홈페이지 제작업체와 다른 업체가 콘텐츠 페이지 추가나 부분 보수를 이어받는 경우들이 있습니다. 병원이 다른 업체를 선택하거나 기존 업체가 사라지면서 종종 일어나는 일인데요.

그렇다 해도 기존 홈페이지 디자인의 일관성을 가급적 유지하는 것이 좋습니다. 종종 추가로 만든 콘텐츠 페이지들의 디자인이 전혀 달라 병원 브랜드의 이미지가 희석되거나 왜곡될 수 있으니 유의하세요.

일부 원장들은 가성비를 추구한다는 생각으로 실제 병원 운영 상황과 관련 없이 다른 병원에 있는 메뉴나 게시판을 일단 다 만들어놓는 경우가 있습니다만, 홈페이지에 '준비 중'이라거나 콘텐츠가 텅 비어 있는 방, 한두 개 게시글 외에 없는 경우 등은 병원브랜딩과 마케팅 효과 측면에서 비추입니다. 지금이라도 보완을 하거나 불필요한 것은 정리를 해보세요.

홈페이지는 제작 이후에도 리뉴얼이 필요한 시점 전까지는 전략적 보수와 피드백으로 브랜딩과 마케팅 효용성을 개선해가야 합니다.

진료상품의 전반적인 리세팅이나 브랜드 리포지셔닝이 필요한 경우, 홈페이지 자체가 비전략적이고 전반적으로 유저 반응이 저조한 경우는 홈페이지 전체 리뉴얼이 필요합니다.

팝업과 게시판의 전략적 운영

홈페이지의 사례, 소식 등의 게시물은 썸네일 이미지와 제목에도 신경을 써서 클릭 니즈를 유발하도록 해보세요. 게시물 클릭 전 노출되는 부분에서 홈페이지 방문 소비자의 마음을 움직일 수 있는 제목과 이미지 등이 전략적으로 개발된다면 그만큼 클릭률과 마케팅 효과를 높일 수 있습니다. 아직도 많은 병원들에서 담당 직원이 기계적으로 올리고 있어 안타까운 영역의 하나죠.

후기나 사례 사진, 의료진의 활동이나 병원 소식 같은 병원의 활발한 진료와 활동상을 보여주는 게시글과 콘텐츠는 자주 업로드하는 것이 병원 브랜드에 대한 신뢰도 형성 차원에서도 바람직합니다. 만약 그런 콘텐츠 업로드가 어려운 병원이라면, 홈페이지 설계할 때부터 그에 대한 고려를 하는 게 좋습니다.

병원에서 가장 신경쓰는 홈페이지 요소는 상담 게시글이나 비용 상담 문자 등 고객 유입에 직접 연관된 소통 툴일 텐데요. 상담 답글은 가급적 당일 빠르게, 그리고 정성을 들여 처리하는 것이 중요합니다. 피드백이 늦고 무성의하게 느껴지면 경쟁 병원으로 이탈해버릴 뿐 아니라 자칫 부정적 인상을 줄 수 있죠.

팝업도 전략적이고 효율적인 운영을 고려해야 합니다. 많은 팝업 창을 올려 병원브랜드 이미지를 형성하는 메인 페이지의 메인 뷰를 덮어버리고 유저가 팝업 창 끄느라 짜증을 느낄 정도면 곤란합니다.

콘텐츠 내용이 팝업 창으로 보이도록 하는 것이 적합한지부터 결정해 보세요. 어떤 콘텐츠는 콘텐츠 페이지에 반영되어야 하거나 공지로 게시물에 업로드 하는 것이 더 적절한데도 지속적으로 팝업 창으로 유지되는 경우도 있습니다.

홈페이지 첫 방문을 한 고객이 병원브랜드 포지셔닝과 관련한 메인 뷰의 메시지를 보지 못하고 팝업 창의 이벤트만 주목하게 된다면, 병원의 차별적 인식을 형성하는 브랜드 포지셔닝 목적에 도달하기 어렵습니다. 소비자가 병원 관계자 마음처럼 차분히 팝업 창을 끄면서 메인 뷰를 살펴줄 것이라고 기대하지 마세요.

여러 내용의 팝업을 개별적으로 올릴지, 하나의 팝업 창에서 일목요연하게 구성하는 게 나을지도 판단해보고, 화면에서의 적절한 크기, 가독성, 배치 위치도 체크해보세요.

팝업 내용도 텍스트가 많거나 복잡하게 구성되어 있어 오히려 가독성이 떨어지는 경우들이 많은데요. 홈페이지 방문 고객에게 한눈에 핵심 내용이 들어오도록 전달력 면에서도 신경쓸 필요가 있습니다. 협소한 팝업 안에서 모든 내용을 고지하려 하지 말고, 관심을 끌 헤드라인 정도로 간결하게 정리하고 '공지' 게시판의 상세페이지로 유도하는 게 더 효과적일 수 있습니다.

병원홈페이지를 만들면 게시판 운영이나 로그 분석 등을 할 수 있는 관리자 페이지를 함께 만들게 되죠. 보통은 홈페이지 제작업체가 관행처럼 일정한 폼으로 만들어주는데요. 병원마다 홈페이지 운영 상황이 다를 수 있기 때문에 우리 병원에서 운영하기 적합한지도 사전에 체크해보고, 이에 대한 협의를 할 수도 있습니다.

홈페이지를 개발하면 콘텐츠와 메뉴 전체에 대해 모든 직원이 숙지하는 것이 필요합니다. 홈페이지의 모든 내용은 병원브랜딩에 대해 고객에게 공식적으로 보여주고 약속하는 것인 만큼, 고객 접점의 모든 직원들(병원브랜딩을 운영하는 주체들)이 내용을 숙지하는 것은 당연한 일입니다.

그러나 담당자나 컨펌하는 원장 말고는 별 관심이 없고 잘 모르는 경우가 많은 것이 현실인데 이런 점은 개선되어야 할 것입니다. 직원들은 홈페이지에서 보여주는 병원브랜드의 가치와 진료의 경쟁력을 통해 병원브랜드에 대한 충성도가 높아질 수 있고, 상담이나 고객 응대, 진료 시스템, 고객 서비스 등에서 일관된 모습을 보여줄 수 있습니다. 병원브랜딩에 도움이 되죠.

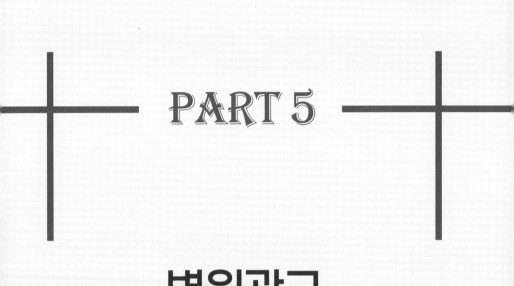

PART 5

병원광고
전략적으로 개발하기

병원브랜드 광고에 대한 바른 관점 갖기

지역에서 병원의 존재감을 알리고 진료에 대해 우리 병원을 고려하도록 하는 마케팅 커뮤니케이션의 대표적인 툴이 온·오프라인 매체를 이용한 병원광고입니다.

병원마케팅 편에서도 소개해드렸듯이, 네이버의 파워링크 같은 키워드 광고, 블로그 형태의 콘텐츠 검색 광고, 온라인 뉴스(기사 형태의 광고) 같은 포털 사이트의 키워드 검색에서 노출되는 텍스트 위주의 온라인 광고를 많은 병원들이 집행하고 있죠.

이외에 포털사이트의 각 웹페이지 내 노출되는 배너 광고, 어플이나 프로그램에 일정시간 노출되는 배너 광고, 페이스북·인스타그램·카카오톡 등 SNS에 노출되는 배너 광고, 유튜브나 많은 소비자가 애용하는 웹사이트 내 노출되는 배너 광고 같은, 이미지 위주의 광고들도 좀 더 적극적인 마케팅을 하는 병원들에 의해 집행되고 있습니다.

이러한 온라인 미디어 외에 버스, 택시, 지하철 차량, 정류장이나 역사驛

숲, 스크린, 옥외 광고판, 쇼핑몰 카트, 현수막 게시대 등 생활 동선에서 노출되는 오프라인 미디어의 광고 등 병원광고 매체와 장르는 다양해졌습니다.

그런데 미디어의 선택과 집행 비용, 효과에 신경쓰는 것에 비해 정작 성과를 내기 위한 광고 크리에이티브와 피드백에 의한 합리적 운영에 대해서는 상대적으로 관심이 덜하거나 잘 모르는 경우가 많습니다.

대체로 병원광고가 의료광고법의 적용을 받고 의료 광고 심의를 통해 집행되어야 한다 해도, 성과를 낼 수 있는 크리에이티브의 전략적 개발과 효율성을 제고하는 운영안 마련은 필수적입니다. 다른 마케팅 툴과 마찬가지로 광고 역시 병원이 전하고 싶은 이야기를 디자인하는 것이 아니라는 사실을 자각해야 합니다.

병원광고의 효용성 고려하기

광고의 노출만으로 광고 목적을 달성했다고 할 수는 없습니다. '노출'은 목표 소비자들 이용이 많은 곳에 온·오프라인 광고가 놓여 있는 것입니다. 거기에서는 경쟁군의 광고들과도 치열한 경쟁이 벌어지고, 소비자들의 광고 회피 현상도 일어나고 있습니다.

노출보다 더 중요한 것이 액션 유발입니다. 목표 소비자가 우리 병원의 광고를 보고 클릭이나 검색, 문의를 하게 하는 것입니다.

여기서 '광고를 보게 한다'와 '액션을 유발시킨다'를 구분해서 생각해야 합니다. 목표 소비자가 광고를 보게 하는 일도 만만치 않지만, 본다고 액션이 자동으로 일어나는 것은 아니기 때문이죠. 광고를 봤지만 스킵되어

인지를 못하게 되는 경우가 많은 것이 현실입니다.

우선 목표 소비자가 광고를 잘 보게 하려면, 효과가 좋은 온·오프라인 매체를 선별해 적정 위치와 적정 기간 운영하는 일과, 눈길을 잡을 수 있는 광고 크리에이티브가 중요합니다. 병원을 고려하는 이들이나 그들에게 광고 내용을 전달해줄 수 있는 이들, 즉 우리 병원 잠재 고객이 될 수 있는 이들의 눈에 띄게 해야 하는 것이죠.

온라인 배너 광고처럼 주위에 여러 광고들이 게재된 경우나 오프라인 매체의 여러 광고들이 여기저기 노출되는 상황에서 우리 병원의 광고가 목표 소비자의 눈길을 잡으려면, 관심 키워드가 포함된 메시지가 한눈에 들어오는 절제미와 비주얼적인 임팩트가 중요합니다. 한 편의 광고에 많은 정보를 담고 있으면 오히려 주목도가 낮아집니다.

지하철 역사, 차량 내부, SNS 등 다양한 매체에 집행된 병원광고 사례들(투비원)

그런데 병원광고들 중에는 목표 소비자가 아닌 막연한 대중을 염두에 두거나, 목표 소비자가 관심을 가질 만한 메시지나 키워드가 없는 경우가 적지 않습니다. 원장이나 직원들의 아이디어나, 광고 개발과 피드백 경험이 미비한 비전문가들의 디자인을 통해 집행되는 경우들도 흔하죠. 대부분

리뉴얼, 병원브랜딩 마케팅 실무

목표 소비자의 눈길을 받지 못해 매몰비용으로 이어지게 됩니다. (광고는 개인의 창작물이 아닙니다!)

병원광고 소비자의 니즈나 관심사안과 무관하게 쇼킹한 아이디어나 임팩트만 추구하는 광고가 성과를 내지 못하는 것은 물론이고, 병원에 대해 오히려 부정적 이미지와 여론을 형성한 사례들도 있었습니다. 광고 인지도는 생겼는데 정작 병원에 대한 인지도 형성은 실패하고, 목표 소비자와 무관한 10대나 20대 대중들에게 광고만 회자되던 병원 사례도 있었죠.

경쟁 병원들의 광고 속에서 목표 소비자의 눈길을 받게 되는 순간 마음을 잡지 못해 패싱되는 경우들도 고려해서 전략적인 크리에이티브를 고민해야 합니다. 그러한 고민이 미비할 때 식상한 카피와 패턴화된 디자인의 병원광고가 목표 소비자의 마음을 잡지 못한 채 매몰비용의 결과로 이어질 수 있습니다. (광고 심의의 제약이 있더라도 모두가 그에 따라 획일화된 광고를 하는 것은 아닙니다.)

경쟁군의 광고와 차별적으로 만들지 않으면, 더 명확한 기대감을 줄 수 있게 하지 않으면, 소비자가 주목을 하지 않거나 경쟁 병원의 광고들과 혼란을 일으킬 수도 있는 등 광고 효과가 충분히 일어나기 어렵습니다. 익숙한 정보로 보이면 기존 정보와 동일시해 넘겨버리는 인간의 '휴리스틱' 반응이 작동하게 되는 것이죠.

이처럼 병원광고는 막연한 감으로 제작하고 집행해서는 안 됩니다. 광고의 목표 소비자를 명확히 하고, 그들의 니즈·관심사안, 그들이 보는 정보들(경쟁군 마케팅 콘텐츠나 커뮤니티에서 언급되는 내용 등) 같은 기본적 자료 조사를 통해 키워딩, 키 메시지, 비주얼 임팩트 등 크리에이티브의 전략적 고민과 기획을 해야 합니다.

앞에서도 강조해왔듯이 병원의 브랜드 포지셔닝 전략 개발이 선행되어야 하고, 그를 실행할 통합 마케팅 전략 역시 고려해서 광고 전략을 세워 진행할 필요가 있습니다. 광고만 단독으로 제작하고 진행해서는 마케팅 효과를 충분히 일으키지 못하게 됩니다.

광고는 가능한 한 다양한 소비자의 접점을 커버할 수 있는 매체들에 다각적으로 집행하는 것이 효과적입니다. 하나의 진료상품 광고에 대해서도 목표 소비자별 매체 접근성이나 매체 이용 행태가 다르므로, 하나의 매체가 광고 노출을 전담하는 것은 역부족입니다.

인터넷 검색 광고 외에 앞에 소개한 다양한 광고 목적에 의해 배너 광고나 오프라인 매체 광고를 병행할 수 있고, 병원 내부에서도 일관된 콘셉트의 광고를 노출시키면 광고 노출 및 누적 인지 효과를 높일 수 있습니다.

이처럼 광고 반응의 제고를 위해 목표 소비자에게 효과적으로 노출될 광고 매체들을 선정하고, 매체 속성과 광고 인지 형성을 위한 연계성을 고려한 미디어 믹스 전략을 포함해 광고 운영 전략을 짜야 합니다.

그러나 병원이 마케팅 예산의 한계를 느껴 매체 운영이 협소해진다면, 목표 소비자의 핵심층을 공략할 수 있는 매체를 선정해 전략적으로 이슈화할 수 있는 광고를 개발하고, 그와 관련한 콘텐츠를 병원에서 운영하면서 광고 효과를 증폭시키도록 노력할 필요가 있습니다.

역시 마케팅 편에서 강조했듯이, 광고 집행 전 광고를 통해 랜딩되는 홈페이지의 콘텐츠 경쟁력이 있는지, 병원 검색 상황에서 노출되는 콘텐츠 및 커뮤니티의 여론 등에 부정적 요인이 없는지 등을 사전에 점검하고 관리해야 광고 효과가 사장되지 않게 됩니다.

병원광고만 잘 노출되고 그로 인해 상담 신청이 늘면 된다는 생각은,

목표 소비자에 대한 무지와 병원브랜딩에 대한 무관심, 광고 운영의 안일함에서 비롯된다고 봅니다.

오프라인 매체든 인터넷이나 SNS에서든 병원광고만 보고 내원을 결심하는 소비자를 기대하기는 어렵습니다. 그들은 병원광고에 대해 관심이 생기더라도 우리 병원에 대한 정보와 더 나은 병원에 대한 정보를 탐색하고 판단합니다.

그래서 병원이 광고를 집행하기 전에 병원브랜드에 대한 긍정적 여론이나 차별적 가치를 느끼게 하는 디스플레이가 잘 되어 있어야 합니다.

병원광고는 활발히 집행하여 많은 이들이 알게 되었는데, 정작 실구매층이 그 병원에 대해 검색했을 때 파워카페에서 병원 체험 고객들의 불만 글들이 보인다면, 광고 노출을 할수록 부정적 인식이 확산되기 쉽습니다.

광고의 목표와 대상 고려하기

광고의 목표를 막연하게 '매출 증대'라고 생각하지 말고, 보다 구체적인 목표를 세울 필요가 있습니다. 통합 마케팅 편에서도 강조한 바와 같이 광고만으로 매출 증대가 일어나는 것이 아닙니다. 우리 병원이 광고를 통해 현실적으로 얻고자 하는 바를 구체적인 목표로 설정해야 합니다.

우리 병원에서 진료 체험을 한 고객이 만족스러워서 주위에 입소문을 내주고 환자를 소개해주는 일도 병원브랜드 성장에서 매우 중요하지만, 우리 병원을 모르는 훨씬 더 많은 목표 소비자에게 병원브랜드를 주목하게 하는 광고를 통해 홈페이지 방문, 상담 등 의미 있는 소비자 행동을 일으키는 것 역시 매우 중요한 병원브랜딩의 한 과정입니다.

소비자 입장에서는, 관심 있는 질환이나 진료에 대해 말을 걸고 그에 대한 기대와 신뢰를 주는 병원브랜드 광고를 통해 '이 병원이 있구나!' 하는, 병원브랜드에 대한 첫 인식을 갖게 됩니다. 이처럼 병원광고는 본질적으로 목표 소비자에게 우리 병원을 인지시키기 위한 것입니다.

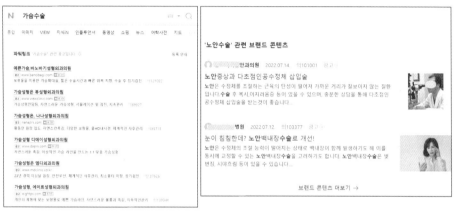

목표 소비자가 네이버의 키워드 검색을 통해 확인하게 되는 병원들의 검색 광고 사례

대체로 진료상품 광고 위주로 집행하기 때문에 이런 방향에서 병원 상황에 따른 광고 목표들이 설정되겠지만, 병원브랜드 자체의 인식을 교정하는 목적의 병원브랜드 광고를 집행할 수도 있습니다.

특히 브랜드 포지셔닝이 제대로 이루어지지 못하고 병원이 원하지 않는 방향으로 소비자 인식이 형성되었다면, 병원브랜드의 아이덴티티와 포지셔닝 전략을 바탕으로 병원브랜드 광고를 집행할 필요가 있습니다.

우리 병원을 지역에서 모르는 이가 없다고 자부하는 병원장들도 있지만, 병원을 안다는 것과 그 병원을 진료 목적으로 고려한다는 것은 다른 차원의 이야기입니다.

예를 들어, 진료상품에 대한 전문성보다 사고 나면 응급 치료를 위해 가는 지역 거점 병원으로의 인식이 형성되어 있다거나, 기존까지 특정 진료 중심 병원으로 인식되었기에 그와 연관성이 낮은 새로운 진료상품에 대한 인지와 신뢰 형성이 쉽지 않다면, 그에 대한 인식 형성을 목표로 병원브랜드 광고를 집행할 수 있습니다.

이처럼 리포지셔닝(인식의 변화)을 추구하는 경우, 진료상품과 병원 이름을 넣은 단순한 메시지의 광고를 집행하면 광고 효과가 기대만큼 일어나지 않습니다. 기존에 축적된 병원의 이미지와 여론을 고려해 전략적인 메시지와 크리에이티브가 구현된 광고가 주효합니다.

인근 경쟁군의 추격을 방어하고 소비자 이탈을 방지하기 위해 병원브랜드 로열티 강화 목적으로 광고를 한다면, 목표 지역 주민과 병원 기존 고객층을 타깃층으로 설정해 광고를 집행할 수도 있습니다.

보통은 대형 병원이나 전문 병원들이 종종 오프라인 매체를 이용해 브랜드 광고를 집행하는 것을 볼 수 있죠. 이런 병원브랜드 광고를 집행할 때는, 광고 타깃에게 익숙한 병원 규모감을 보여주거나 우리 병원이 최고라는 식의 홍보성 광고를 보여주기보다, 소비자의 이익과 관련해 새롭게 업그레이드된 유용한 가치를 직관적으로 전할 수 있도록 구성하는 것이 주효합니다.

광고의 목표를 전제로 광고 타깃층을 설정할 수 있습니다. 광고해야 하는 특정 진료상품에 대해 관심과 구매가 이루어질 수 있는 소비자층을 지역, 연령, 성별, 병원 경험 유무, 관련 니즈 등을 파악해 구체적으로 설정할 필요가 있습니다.

매체 설정에서뿐 아니라 광고 메시지와 비주얼을 포함한 크리에이티브에서도 이러한 요건들이 반영되어야 광고 주목도가 높아질 수 있습니다.

목표 소비자에게 익숙하지 않은 진료상품(초기 시장)에 대한 광고는, 소비자가 이미 진료상품에 대한 선지식을 가지고 검색을 하는 상황에서 보이는 검색 광고보다, 소비자의 동선에서 노출되는 온·오프라인 매체의 이미지 광고로 이슈화시키는 것이 더 나은 방법일 수 있습니다.

광고를 본 소비자가 그에 대해 클릭이나 인터넷 검색을 하게 될 때 진료상품에 대한 정보를 보다 상세히 보여줄 수 있는 마케팅 콘텐츠(홈페이

차별적 가치에 대한 전략적 어필이 부족해 보이는 대학병원 브랜드 광고 사례들

진료상품에 대한 타깃 세그먼트 병원광고 사례들(페이스북)

지 포함)를 광고와 연계해서 노출시켜야 전환 효과를 거둘 수 있습니다.

또한 경쟁이 치열한 진료상품 시장에서 후발주자로 뛰어든 병원이라면, 기존 진료상품에서 몰랐던 새로운 정보를 이슈화하는 광고와 랜딩페이지(홈페이지)를 통해 병원브랜드에 대한 차별적 인식을 형성할 필요가 있습니다.

이때는 소비자가 흔히 주목할 수 있는 경쟁군 광고들과 경쟁하면서 진료상품에 대한 새로운 정보(이슈)를 블로그나 온라인 뉴스 같은 마케팅 콘텐츠 등에서도 진정성 있게 전달해 신뢰성을 제고할 필요가 있습니다.

병원브랜드 포지셔닝 광고는, 진료상품에 대한 경쟁이 치열할수록 "○○진료는 △△병원!" 같은 식상하고 경쟁 병원의 광고와 혼동될 수 있는 메시지로 적용해서는 안 됩니다. 광고 효과는 물론, 그를 통한 우리 병원에 대한 소비자의 주목률이 떨어지게 됩니다.

경쟁이 치열할수록 병원광고의 패턴을 지양하고, 전략적인 크리에이티브를 추구해야 합니다. (투비원 사례)

이미지 광고와 텍스트 광고의
크리에이티브 가이드

병원광고는 타입 유형별로 이미지 중심의 광고와 텍스트 중심의 광고로 나누어볼 수 있습니다. 이미지 (중심의) 광고는 온라인 기사나 SNS 피드, 어플이나 특정 웹사이트, 오프라인의 다양한 매체 등에 주로 집행되는, 비주얼 요소와 헤드라인 중심의 광고 형태이죠. 텍스트 (중심의) 광고는 네이버 파워링크 같은 검색 광고, 블로그 형태의 콘텐츠 검색 광고, 온라인 뉴스 단에 노출되는 홍보용 기사, 잡지나 신문 등의 인쇄 매체에 게재되는 애드버토리얼(advertorial:기사형 광고) 등 말 그대로 텍스트 비중이 높은 광고입니다.

이 병원광고들 다수는 의료 광고 심의를 받고 진행되어야 하기에 의료 광고법의 제약으로 인해 크리에이티브 역시 제한을 받게 되긴 합니다. 그럼에도 불구하고 경쟁군과 차별화되고 클릭이나 병원 검색을 유발할 수 있는 전략적 광고를 만들도록 노력해야 합니다. 전략적 광고란 소비자에게 효율적으로 인지되어 병원에 유의미한 액션을 일으킬 수 있는 광고를 말하죠.

그렇게 되기 위해서는 앞서 설명했듯이 목표 소비자의 눈길과 마음을 모두 잡을 수 있는 전략적 광고 크리에이티브가 필요합니다.

기본적으로 광고를 구성하는 주요 요소들, 가령 헤드라인, 보디 카피나 텍스트 광고의 리드 글, 이미지, 디자인 등에 대해 우리 병원 목표 소비자의 니즈, 경쟁군의 광고 메시지, 광고가 게재될 매체 상황 등을 충분히 고려해야 합니다.

그러나 이러한 고려 없이 주관적으로 제작된 광고 시안을 원장의 심미안에 따라 결정하거나, 심의의 제약을 이유로 패턴화된(익숙한) 광고 디자인에 머무는 경우가 많습니다. (심지어 의료광고심의위원회의 심의 과정에서 광고 수정 지시를 그런 식으로 구체적으로 명시하는 어의 없는 경우도 있습니다.)

종종 웹툰이나 모델 이미지를 이용해 시선을 끄는, 디자인만 신경쓴 듯한 병원광고들도 보게 됩니다. 그런 광고를 보면 목표 소비자의 눈길이나 마음을 잡고자 하는 것인지 의심스러운 경우도 있습니다. 병원광고가 실구매층보다 이미지의 재미를 선호하는 10대나 20대에게 어필하는 것은 아닌지, 병원브랜드의 신뢰나 진료상품에 대한 소비자 인식과 기대 수준에서 볼 때 광고가 너무 가볍게 느껴져 경쟁군 광고보다 관심도가 오히려 떨어지게 되는 것은 아닌지 판단해야 합니다.

만약 광고를 웹툰으로 디자인하거나 특정 이미지나 비주얼 요소를 넣고자 한다면, 왜 그래야 하는지, 그것이 우리 병원의 목표 소비자 인식, 병원 신뢰성과 브랜딩 등을 고려할 때 적합한지 점검(광고 대행사의 합리적 설명)이 필요합니다.

병원의 이미지 광고들 중에는 많은 정보를 광고 한 편에 넣는 경우도 적지 않습니다. 심지어 광고 하나에 여러 진료 내용들이 모여 있기도 합니다. 광고가 소비자 입장에서 전달되어야 한다는 생각보다 병원이 전달할 내용을 구성하는 것에 초점이 맞춰져 있기 때문입니다.

그러나 이런 광고일수록 오히려 광고비용을 매몰시킵니다. 광고에서 너무 많은 텍스트와 복잡한 구성, 다양한 정보로 인해 보려는 욕구 자체가 떨어지고 주목도가 낮아집니다. 병원의 기대처럼, 또 광고를 잘 모르는 마케팅 업체의 생각처럼 광고를 찬찬히 봐줄 소비자는 거의 없다고 봐야 합니다.

『다시! 알아야 할 병원마케팅』에서도 소개한 바가 있는데, 광고를 보는 소비자 시선을 연구한 자료에 따르면, 소비자의 시선은 눈에 띄는 광고의 비주얼 요소(모델의 눈과 같은), 헤드라인, 광고 주체인 브랜드 로고 순으로 빠르게 훑고 지나갑니다. 광고를 보게 되는 시간은 겨우 1~2초 이내입니다. 그 순간에 눈길을 잡을 수 있어야 합니다.

사진에서 표시된 원, 박스, 선이 광고를 보는 소비자의 시선 흐름을 표시한 것입니다.
《광고정보(한국방송광고공사 발행. 2008년 1월호)》『아이트래커 활용한 광고 효과 측정(김재휘 저)』중 사진 자료 인용.

휴대폰의 작은 화면이든 지하철 역사의 와이드 광고든 마찬가지입니다. 여백을 충분히 두고 핵심 메시지만 한눈에 들어오게 구성하는, 효율적인 광고 크리에이티브 역시 반드시 고려되어야 합니다.

물론 병원광고가 간결한 이미지 위주의 광고여야만 한다는 것은 아닙니다. 눈에 띄어도 마음을 잡지 못하면 효과는 매몰되죠. 목표 소비자의 니즈를 자극할 헤드라인, 키워딩, 또는 메시지 기능을 하는 이미지 역시 광고 크리에이티브의 주요한 요소입니다.

텍스트 광고를 진행할 때도 목표 소비자의 눈길을 받을 수 있는 키워딩, 헤드라인, 서브 타이틀, 사용되는 이미지, 가독성 높은 내용 전개 등에 신경써서 마음을 잡을 수 있도록 노력해야 합니다.

병원광고의 크리에이티브는, 목표 소비자의 광고 주목성과 관심도를 제고하면서 병원브랜드의 차별적 이미지와 신뢰 형성을 염두에 두고 전략적으로 개발해야 합니다.

이미지 광고 개발 가이드

온·오프라인의 다양한 매체에 이미지 중심의 병원광고를 제작할 때 '광고 메시지가 순간적으로 목표 소비자에게 인지되어야 한다'는 것을 염두에 두어야 합니다. 병원의 기대처럼 소비자가 찬찬히 병원광고를 뜯어보는 경우를 기대해서는 안 됩니다. 광고가 눈에 잘 띄고 1~2초 내에 직관적으로 메시지가 전달되어야 관심을 유발해 상세한 내용을 더 보게 됩니다.

그렇게 되려면 광고 헤드라인에서 목표 소비자가 주목할 만한 키워드

(질환, 증상, 진료명 등)가 잘 보이는 것이 중요합니다. 소비자의 진료 관련 욕구나 관심 정보와 관련성이 떨어지는 병원 홍보성 카피나 애매한 미사여구美辭麗句는 주목할 기회조차 갖지 못할 수 있으니 주의하세요.

키워드나 키메시지가 직관적으로 표현된 헤드라인과, 눈길을 잡을 수

헤드라인이 소비자 니즈와 연관성이 약하면 광고가 주목받기 어려울 수 있습니다.

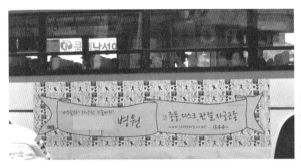

배경, 컬러, 서체 등 광고 가독성을 위해 다양한 디자인 요소를 살펴야 합니다.

많은 정보와 텍스트는 오히려 광고 주목도와 가독성을 떨어뜨립니다.

리뉴얼, 병원브랜딩 마케팅 실무

있는 크리에이티브 요소가 빠르게 눈에 들어오도록 디자인될 필요도 있습니다. 너무나 당연한 말 같지만 실제로 이런 기본이 덜 갖추어진 병원광고들이 적지 않습니다.

잡다한 디자인 요소나 텍스트가 많아서 정작 메시지 전달이 방해받는 경우, 가독성이 떨어지는 서체, 폰트, 컬러, 레이아웃 등으로 인해 시선이 꽂히지 못하는 경우 등등 말이죠. 광고 자체뿐만 아니라 주위 광고물이나 시선을 뺏길 환경적 요소들까지 고려해 가독성을 높이도록 신경써야 합니다.

병원의 이미지 하나에 다양한 진료상품이 나열된 경우도 흔히 볼 수 있는데요. 광고 지면을 구매하기가 만만치 않아 한 번 진행할 때 병원의 진료들을 다 소개하고 싶은 마음은 이해하지만, 그렇게 되면 텍스트가 많아져 시선이 가기 어렵고 병원의 진료 경쟁력도 어필하기 어렵습니다.

대부분의 병원 이미지 광고는 특정 진료상품에 대한 병원브랜드 포지셔닝 전략을 반영해야 합니다. 광고에서 진료상품에 대한 우리 병원의 특별한 가치, 더 나은 신뢰성에 대한 기대감을 형성하도록 하는 것에만 집중하는 것이 좋습니다.

특화 진료상품들을 운영하는 병원브랜드를 홍보하는 것이 광고 목적이라면, 그 진료군을 아우르면서 보다 상위 개념의 병원브랜드 가치(콘셉트)를 소비자 이익과 매칭하는 헤드라인 카피로 병원브랜드를 집중시켜야 합니다. 진료상품들은 헤드라인에서 표현된 병원브랜드의 가치와 연계하여 보디 카피나 서브 헤드카피로 표현하는 등 메시지의 체계를 잡는 것이 좋습니다.

어쨌든 목표 소비자가 자신이 봐야 할 정보를 기대하며 관심 있게 볼 수 있도록 철저히 소비자의 이익과 관련하여 카피라이팅을 해야 합니다.

병원 이름과 진료 내용을 단순하게 매칭한 병원광고들을 온·오프라인 매체에서 자주 보게 되는데요. 목표 지역에서 광고하는 진료상품의 경쟁도가 낮다면 유의미하지만, 유사 진료를 하는 병원들이 많은 상황에서는 "○○진료는 △△병원!" 정도의 메시지만으로는 관심받기가 어렵습니다.

　　진료가 필요할 때는 대부분 검색을 통해 정보를 탐색하므로, 굳이 진료와 병원을 단순 매칭하는 이미지 광고가 비효율적일 수도 있습니다. 그보다는 진료에 대한 병원의 특별한 가치에 주목하도록 이미지 광고의 크리에이티브를 고민하는 것이 좋습니다.

　　또 하나 생각해야 할 것이 있는데요. 바로 경쟁군 광고와의 변별력을 높여야 한다는 것입니다. 목표 소비자가 우리 병원광고에서 경쟁 병원의 메시지나 디자인과 별 차이를 느끼지 못하면 굳이 시선을 주지 않게 됩니다. 앞에서 소개한 휴리스틱 반응이죠. (그러나 광고에서조차 레퍼런스를 기준으로 해야 안심이 되는 원장들도 있죠.)

비슷한 이미지와 메시지의 병원광고들은 소비자의 눈길을 잡기가 그만큼 어렵습니다.

가령 '병원광고' 하면 쉽게 떠올려지는, 의사(원장)를 비주얼 소재로 사용한 광고들은 대부분 병원광고가 있다는 느낌만 전하기가 쉽습니다. 유사한 형태의 광고들이 많기 때문에 시선을 잡기도 어렵습니다. 또한 병원브랜드의 이미지를 제대로 보여주기보다 개별 인물에 집중하게 해 소비자의 주관적 기호의 영향을 받을 수도 있습니다. (인상이 편해 보이지 않는다든가 또는 너무 자주 보여서 지겨워진다든가 등등)

그러나 의사 이미지가 주효한 광고도 있습니다. 원장의 높은 신뢰성, 경쟁력 있는 커리어, 의미 있는 캐릭터를 통해 병원브랜드 신뢰를 높이는 포지셔닝 전략이라면 말이죠.

이런 경우에도 그간 보여왔던 병원광고 디자인 패턴을 벗고 이미지를 포함해 새로운 디자인으로 주목도를 높이도록 노력해야 합니다.

장비나 시술의 일반적 장점을 어필하는 데 그치는 병원광고 역시 주의해야 합니다. 우리 병원으로 내원을 유도하는 것이 아니라 접근성이나 유리한 조건으로 유사 진료를 하는 경쟁군에게 이익을 주는 결과를 초래할 수 있습니다.

같은 장비라도 왜 우리 병원을 선택해야 하는지, 공감할 수 있는 가치를 광고 크리에이티브로 구현하도록 해야 합니다. 같은 진료에 대해서도 지금까지 여러 병원들의 광고에서 어필해온 것과 다른, 그리고 소비자의 잠재적 욕구를 잡아당기는 광고 크리에이티브를 개발하기 위해 노력해야 합니다.

종종 감성적이거나 유머러스한 광고를 추구하고자 하는 원장이나 제작사도 있는데, 병원 소비자에게 전달되는 효과에 대해 냉정하게 따져볼 필요가 있습니다. 병원이 매체를 협소하게 운영하면서 광고로 소비자의 감성

라면에 뽀얘지는 안경
식기를 기다릴 순 없잖아요?

스마일이 필요할땐   !안과병원

진로의 일반적 장점을 광고로 만들기보다
병원브랜드의 차별적 신뢰를
형성하도록 해야 합니다.

을 실제로 자극하여 그 병원홈페이지 방문 등의 전환을 일으키는 것, 그로
인해 병원브랜드 포지셔닝과 마케팅 효과에 실제로 기여하는 것은 현실적
으로 쉬운 일이 아닙니다.

또한 적지 않은 진료비를 부담하고 자신의 신체를 맡겨야 하는 목표 소
비자에게 어설픈 감성 광고나 유머를 소재로 하는 병원광고는 병원브랜딩
과 마케팅의 효과를 발휘하기 어렵습니다. 앞서도 소개한 것처럼 아이디어
위주로 광고를 제작하고 집행하는 것은 바람직하지 않습니다.

병원광고 대부분에서 적용되는 의료광고법에서는 광고의 주체인 병원
이름이 반드시 적시되도록 하고 있는데요. 비단 심의 통과뿐 아니라 마케
팅 효과를 위해서도 병원 이름이 잘 보이도록 신경써야 합니다.

그리고 광고를 통해 병원이 검색되는 상황도 염두에 두고 사전에 관련
콘텐츠들이 노출되도록 준비하는 것이 좋습니다.

그런데 종종 옥외 광고나 온라인 배너 광고에서 정작 병원 이름이 작아
서 잘 안 보이거나, 디자인화된 로고 형태 또는 과한 디자인으로 이름이 변
형되어 보이거나, 가독성이 떨어지는 서체와 컬러로 인해 병원 이름이 인
지되지 못하거나 왜곡되기도 합니다. (심지어 이름이 유사한 경쟁 병원으로

고객 이탈이 일어나는 경우도 있습니다.) 이런 경우는 설사 광고 메시지가 효과적이라 해도 병원브랜드에 대한 인식이 잘 형성되지 못해 광고에 대한 전환이 일어나기 어렵습니다.

이와 반대로 병원 이름만 크게 보이는 광고 역시 목표 소비자의 주목을 받기 어려워집니다. 소비자는 낯선 병원 이름에 관심을 두는 것이 아니라 자신의 니즈와 이익에 관련한 정보에 관심을 둔 상태에서 병원 이름을 확인하기 때문에, 그들이 병원광고에 주목할 동기를 부여하는 메시지가 잘 보여야 합니다.

소비자의 주목을 받을 수 있는 진료 가치나 니즈와 매칭되는 헤드라인보다 병원 이름이 강조되면 오히려 주목률이 떨어질 수 있습니다.

온라인 배너 광고는 다양한 크기로 노출되기 때문에 동일 광고가 다양한 사이즈로 베리에이션 되어 집행되곤 하는데요. 그러다 보니 사이즈가 작아지면 메시지 자체가 잘 보이지 않게 되는 경우들이 종종 있습니다. 그런 광고는 반응을 유도할 수 없죠.

사이즈가 작으면 그에 최적화된 메시지로 베리에이션을 하고 가독성을 확인해야 합니다. 작은 화면에서 보이는 모바일 배너 광고도 마찬가지죠.

광고의 카피와 이미지를 포함한 디자인은 '전략'입니다. 간결한 문장 또는 키워드를 포함한 문구로 표현되는 키Key 카피를 만들기 위해 앞서 소개한 브랜드 포지셔닝 전략, 통합 마케팅 전략을 거쳐 목표 소비자의 관련 인식 상황, 경쟁군의 광고 메시지 등 다양한 것들을 고려해 크리에이팅을 하는 것입니다.

광고의 이미지 역시 카피와 매칭하여 '전략적으로' 어떤 모델을 사용할 것인지, 진료 장면이나 병원 이미지, 증상이나 환부 사진을 활용할 것인지 결정하게 됩니다.

주름 리프팅 광고에서 목표 소비자의 관심과 니즈를 자극할 수 있는 모델을 사용한 성형외과 광고 사례

마케팅 부분에서 소개한 네이버 브랜드 검색 광고 역시 의료 광고 심의와 네이버의 심사 기준들을 고려하면서도 전략적으로 개발해야 합니다.

브랜드 검색 광고는 병원브랜드 포지셔닝 전략이 직관적으로 구현되도록 하는 것이 좋습니다. 가장 큰 이미지 영역에 병원브랜드의 콘셉트나 차별적 가치를 상징 또는 대표하는 이미지를 선별하고, 타이틀과 설명 문구 역시 그러한 방향에서 카피라이팅이 되어야 합니다.

헤어라인교정은 ███████성형외과의원 ^{광고}
헤어라인교정술에 집중해온 성형외과전문의가
디자인, 수술, 후관리 직접 진료
헤어라인교정 · 재교정 · 흉터모발이식 · 구레나룻

상담 02

분석&디자인

이마 모발이식

모낭단위채취술

대한의사협회 의료광고심의필 제 201203-중-116520호

병원의 네이버 브랜드검색광고 예(투비원)

　그 아래 텍스트 메뉴와 썸네일 이미지가 있는 메뉴들은 주요 진료나 병원브랜드 콘셉트와 연관성 있는 홈페이지 콘텐츠 연결 부분을 고려해 전략적으로 구성할 필요가 있습니다.

　이상에서도 알 수 있듯이 효과를 보기 위한 병원광고는 브랜딩 전략, 특히 포지셔닝과 통합 마케팅의 관점에서 기획력을 가지고 제작해야 합니다. 기존 병원광고들의 패턴, 기계적인 적용, 설명식의 태도, 무리한 전달 욕심으로는 목표 소비자가 반응할 전략적이고 새로운 광고의 탄생을 기대하기 어렵습니다.

텍스트 광고 개발 가이드

　네이버 파워링크 같은 키워드 광고나 블로그 형태의 콘텐츠 검색 광고, 위치 기반의 플레이스 광고, 온라인 뉴스 형태 광고처럼 온라인 검색에 의해 키워드별로 노출되는 텍스트 위주의 광고, 신문이나 잡지, 전단지 등 인쇄 매체의 애드버토리얼 광고 같은 텍스트 위주의 광고들 역시 의료 광고 심의의 제약에도 불구하고 경쟁 속에서 목표 소비자의 마음을 잡을 수 있도록 전략적 개발이 필요합니다.

한 줄(띄어쓰기, 부호 포함 45자 이내)에서 클릭률을 높여야 하는 온라인 키워드 검색 광고의 문구는 대개 의료광고법과 글자수 요건을 맞추느라 진료명 나열에 그치게 되고, 그래서 촘촘히 모여 있는 경쟁군 광고 문구와의 변별력이 크지 않은 편입니다.

그러나 이 광고 문구가 광고 클릭률에 영향을 미치기에 보다 고민해야 할 사안입니다. 변별력을 높이고자 병원 입장의 홍보성 문구를 사용하는 것은 신중해야 합니다. 소비자의 병원 검색 니즈를 충족시키지 못하면 패싱될 수 있습니다.

진료 키워드를 입력해 병원을 검색하는 목표 소비자의 니즈를 고려해, 광고 문구에 노출할 키워드 선정에 더욱 신경을 써야 합니다. 진료에 대한 경쟁력·가치·편익에 대한 어필과, 클릭하여 상세페이지를 확인하고픈 욕구가 느껴지는 문구를 제한적인 요건 속에서 개발할 수 있어야 합니다.

종종 심의받은 광고 문구 하나를 다양한 키워드 검색 광고에 공통적으로 적용하는 경우가 있는데, 키워드와의 연관성이 떨어지는 문구 내용은 클릭을 유발시키기 어렵습니다. 진행하는 광고의 키워드 카테고리별로 연관된 광고 문구를 개발해 적용하는 것이 좋습니다.

네이버 블로그형 콘텐츠 검색 광고에서 먼저 노출되는 타이틀과 이미지, 그 아래 두어 줄의 설명 문구 역시 의료 광고 심의 대상으로 제약이 있는 편입니다.

네이버 키워드 검색에서 노출되는 파워링크, 콘텐츠 검색 광고, 온라인 뉴스 광고 예시

　그러나 이 부분이 클릭률에 영향을 미치므로, 소비자의 키워드별 검색 니즈와 경쟁군의 해당 콘텐츠를 고려해, 최대한 차별적 신뢰와 콘텐츠 기대감을 형성할 수 있도록 전략적으로 개발되어야 합니다.

　목표 소비자는 파워링크 같은 검색 광고와 달리 관심사안에 대해 구체적인 정보를 얻고자 하는 욕구가 크므로, 이를 고려한 정보형 콘텐츠로 구성하는 것이 좋습니다. (물론 병원 이름의 블로그 채널, 상세페이지 후반부의 병원 정보 등을 비롯해 병원 홍보는 충분히 이루어집니다.)

　또한 클릭 후 이동되는 상세페이지(블로그 포스트)의 콘텐츠를 통해, 병원에 대한 차별적 신뢰 형성과 홈페이지 방문이나 상담으로 연결될 수 있도록 포스트 콘텐츠의 전략적 개발 역시 중요합니다.

특히 목표 소비자의 진료 관련 정보 수준보다 진부한 정보나 홍보 의도가 두드러지는 내용은 이탈 가능성을 높이므로 주의해야 합니다.

포스트 내용은 의료 광고 심의 대상은 아니지만, 네이버의 가이드를 참조하고 의료광고법에 무리가 되지 않는 선에서 구성해야 합니다.

온라인 뉴스 형태의 기사형 광고도 병원마케팅 목적으로 흔히 이용되는 툴인데요. 콘텐츠 검색 광고와 마찬가지로 노출할 키워드를 선택해서 동일 콘텐츠가 노출될 수 있습니다. 노출되는 타이틀과 이미지, 그 아래 두어 줄의 리드 글이 클릭률에 영향을 미치는 것도 같습니다.

의료 광고 심의 대상은 아니지만, 보도의 가이드라인 제약은 받습니다. 수술이나 진료 장면, 환부, 환자, 사례 사진은 사용할 수 없고, 직접적으로 병원을 홍보하는 것도 금지됩니다. 원장 이름과 병원 이름은 도움말 제공에 잠시 언급되는 정도입니다.

그럼에도 마케팅 효과를 기대하며 병원 노출을 시도하는 경우가 많은데요. 다수의 소비자들도 홍보성으로 바라보기 때문에 진부한 정보 수준이라면 더더욱 클릭이 일어나기 어렵습니다. 소비자에게 새롭고 유용하게 느껴지는 진료 관련 이슈를 개발해 보도자료로 작성하는 것이 주효합니다.

온라인 매체보다 이용률은 떨어졌지만 종종 신문이나 잡지에 칼럼 형태의 홍보성 콘텐츠나 진료상품에 대해 소개하는 애드버토리얼 병원광고들을 진행하는 경우도 있는데요. 이 역시 기사 가이드라인이나 의료광고법의 제약 속에서 목표 소비자의 눈길을 받을 수 있는 헤드라인, 이미지, 서브 타이틀을 전략적으로 구성하고, 신선하고 유용한 정보로서의 콘텐츠 개발에 신경써야 합니다.

특히 텍스트가 상대적으로 많은 광고를 진행할 때는 목표 소비자가 끝

신문에 게재되었던 애드버토리얼 병원광고들 예시

까지 읽어갈 수 있도록 가독성, 이해의 용이성과 함께 글의 흡입력을 갖추는 것이 좋습니다. (텍스트 광고는 좀 더 이탈이 잘 일어날 수 있습니다.)

헤드라인과 서브 타이틀에서 보디 카피로 시선이 가게끔 정보에 대한 호기심과 기대감을 유발하는 카피라이팅이 주효합니다. 본문을 읽어 내려갈 때 단문의 빠른 호흡으로 바로바로 이해되도록 문장을 구사하는 것도 필요합니다.

정보를 읽기 시작한 첫 단락이 특히 중요합니다. 여기서 식상한 이야기나 소비자가 이해할 수 없는 어려운 이야기가 시작되면 이탈이 일어나기 때문이죠. 소비자는 기다려주지 않습니다. 헤드카피를 통해 촉발된 관심이 바로 해결되길 바랍니다. 그래서 광고 콘텐츠에서도 홈페이지나 랜딩페이지와 마찬가지로 첫 단락에서 소비자의 관심을 끈 뒤 끝까지 흥미가 유지될 수 있는 전략적 콘텐츠 구성과 카피라이팅이 중요합니다.

물론 그러한 텍스트 광고를 만드는 것이 말처럼 쉽지는 않습니다. 소비자에게 관심을 받는 광고를 만들려면 진료상품이나 병원의 장점 위주로 전달하는 병원 입장의 홍보성 내용, 익숙한 정보 패턴을 지양해야 합니다.

목표 소비자는 기사 형태의 광고를 광고로 인식하면서 보게 됩니다. 자신이 고려하는 진료와 병원에 대한 유용한 정보로서 가치가 있을 것이라 판단되면 말이죠. 따라서 그들의 입장에서 원하는 정보에 대한 니즈를 해소해줄 수 있도록 진정성과 유용성을 갖춘 콘텐츠 개발을 하도록 노력해야 합니다.

광고의 랜딩페이지 개발 가이드

랜딩페이지란 광고를 클릭했을 때 도달하게 되는 콘텐츠 페이지입니다. 광고의 짧은 카피에서 목표 소비자의 관심을 받은 진료상품에 대해 상세히 소개하는 병원브랜디드 콘텐츠 페이지로, 별도로 제작해서 PC와 모바일의 광고별로 적용시키기도 하고, 홈페이지의 해당 콘텐츠 페이지를 광고의 랜딩페이지로 연결시키는 경우도 있죠.

이 랜딩페이지가 설득력을 갖춰야 비로소 광고 전환이 이루어집니다. 광고를 클릭했지만 랜딩페이지에서 기대만큼의 정보나 병원브랜드에 대한 확신을 얻지 못하면 소비자는 이탈하고 광고비는 매몰됩니다.

경쟁이 치열한 진료상품일수록 랜딩페이지의 경쟁력은 정보의 신선도에서 나옵니다. 경쟁군들의 마케팅에 의해 익숙해진 진료 정보, 특히 진료 효과와 장점 위주로 어필하는 홍보성 콘텐츠만으로는 소비자의 관심을 받

치열한 경쟁 상황의 진료상품에 대한 병원브랜드의 차별적 가치를 어필하고자 한 랜딩페이지 예(투비원)

기가 어렵습니다.

또한 치료 사례들, 병원의 장비, 의료진 경력, 진료 환경 정도의 구성으로 병원브랜드의 차별성을 명확히 해주기도 어려워졌습니다. 이러한 콘텐츠 소재들도 경쟁군들에 의해 흔히 보이고 있어서 비교 탐색하는 소비자에게는 고려할 만한 병원 후보 기준에 불과하지 결정적 선택의 힘을 실어주기에는 역부족입니다.

소비자가 정말 궁금해 할 정보이면서 경쟁군이 아직 말하지 못한 테마를 찾아 어필해보는 것도 좋은 시도가 됩니다. 가령 성숙시장의 진료상품으로 목표 소비자들에게 익숙한 진료상품의 경우, 일어날 수 있는 부작용과 이를 고려한 진료 노하우, 진료 전 문제를 세부 분류해 그에 따른 각 진료 과정과 결과를 소비자에게 보다 디테일하게 보여주는 것을 고려할 수 있습니다. 이러한 병원의 시도는 병원 입장에서 몇 가지 빤한 어필을 하는 것보다 병원의 차별적 신뢰성과 진정성을 느끼게 할 수 있습니다.

익숙하지 않은 진료상품을 소개하는 랜딩페이지라면 비교될 만한 기존 진료상품과의 차별적 특징, 단점의 개선 효과를 어필하는 것도 주효합니다. 소비자는 새로운 진료상품에 대해 초기라는 부담감도 느끼게 되고, 이해하기 어려울 수도 있기 때문입니다.

당시 익숙하지 않은 진료상품에 대한 전략적 온라인 배너 광고와 랜딩페이지 리뉴얼로 이전보다 전환율을 높인 사례(투비원)

이때 주의할 것은, 특징이 항목화되어 간략하게 보여서는 소비자 공감을 이끌어내기 어렵다는 점입니다. 익숙하지 않은 정보는 그만큼 구체적이면서 직관적으로 이해시키는 것이 주효합니다.

랜딩페이지처럼 텍스트가 비교적 많이 다루어지는 콘텐츠는, 술술 빠르게 읽히는 동시에 직관적으로 이해시키는 카피라이팅 역시 매우 중요한 경쟁력 요소입니다. 문장이 너무 길어 읽다가 의미 전달이 바로 안 되거나 지루해져서도 안 되고, 특히 소비자에게 어려운 진료 내용이 '의사의 언어' 그대로 표현되어서도 안 됩니다. 쉬운 비유나 비교, 텍스트의 이해를 돕는 비주얼 자료의 활용, 짧은 호흡의 문장, 체계적 이해를 돕는 글의 전개 방식 등 진료 콘텐츠 카피라이팅에서 신경써야 할 것들이 많습니다.

요즘 누가 길게 읽느냐며 무조건 콘텐츠 양을 줄이는 것은 신중해야 합니다. 인포그래픽이나 임팩트 있는 디자인에 신경을 썼다 하더라도, 오히려 내용에 대한 이해가 어려워지거나 콘텐츠 경쟁력이 떨어져 함량 미달로 보일 수도 있으니까요.

콘텐츠의 가독성과 이해도, 흥미로운 구성력이 탄탄하다면 길이는 문제가 되지 않습니다. 심지어 모바일에서도 말이죠. 진료상품의 랜딩페이지는 재미 위주로 읽는 글이 아니고, 실제로 병원을 선택하는 소비자에게 중요한 레퍼런스이기 때문이죠.

단, PC 버전의 랜딩페이지를 모바일 버전에서 기계적으로 축소해 적용하는 것보다 모바일에 적용할 랜딩페이지는 모바일 화면 환경에 맞추어 재정리되는 것이 좋습니다. 핵심 메시지를 유지하면서 카피를 더 줄이거나 때로는 비주얼을 먼저 보여주는 등 모바일에서 스크롤 하며 보는 방식에 적합한 구성을 재고민할 필요도 있습니다.

치열한 경쟁 상황의 진료상품 콘텐츠 경쟁력을 높이고자 랜딩페
이지를 미니 홈페이지 형식의 다양한 콘텐츠로 구성하고, PC와
모바일 각 버전별로 제작한 사례(투비원)

랜딩페이지도 병원마케팅의 다른 콘텐츠들과 마찬가지로 인트로에서
부터 소비자의 마음을 붙잡는 것이 중요합니다. 소비자 니즈를 자극하고
기대감을 줄 수 있는 헤드카피와 인트로의 임팩트 있는 이미지, 그리고
콘텐츠를 미리 가늠하게 하는 서브 타이틀의 전략적 구현에 신경쓰는 것
이 좋습니다.

병원의 생생한 진료 가치가 느껴질 사진 역시 중요한 콘텐츠 요소입니
다. 콘텐츠와의 연관성이 높은 고품질의 사진은 병원브랜드의 차별적 이미
지네이션에 기여합니다. 여기저기 보이는 일반 슬라이드 렌탈 이미지보다
말이죠. 촬영할 사진들에 대한 기획과 배치의 스토리보드, 감각적인 캡션
까지 고려해보세요.

랜딩페이지의 콘텐츠를 개발하고 나면 모니터링을 할 필요가 있습니
다. 전환 성과를 이루어야 하는 중요 마케팅 툴을 주관적인 감으로만 처리

할 수는 없죠. 병원 내 시각이 아닌, 주변 소비자 그룹에 모니터링해보고 그들의 의견을 적절히 참조하세요. 콘텐츠를 개발한 다음날 다시 읽어보고, 전략적으로 부족한 부분도 체크해보시기 바랍니다.

랜딩페이지에는 보통 상담 유도와 고객 데이터 베이스 확보, 광고 전환 효과 체크를 위한 상담 DB창을 다는데요. 이때 상담을 적극 유도할 수 있는 고민이 더해져야겠죠. DB창의 위치, UX(User Experience:웹사이트 이용에 대한 유저의 경험, 그로 인해 학습된 이용 행태)를 고려한 구동 방식의 편의성뿐 아니라, 작은 DB창에서 상담으로 유도할 짧은 카피나 디자인 요소에 대해서도 말이죠.

그리고 랜딩페이지에서 병원브랜드의 VI(Visual Identity)와 HI(Hospital Identity)의 적용도 적절하게 이루어져 병원브랜드에 대한 이미지 형성에 기여해야 하겠습니다. 다양한 진료상품의 광고와 각 랜딩페이지의 브랜드 이미지를 시각적으로 일관되게 느끼게 하는 것 역시 병원브랜딩 효과를 냅니다.

PART 6

병원브랜디드 콘텐츠 전략적으로 개발하기

병원브랜디드 콘텐츠 바르게 운영하기

'브랜디드 콘텐츠'란 본래 기업이 SNS나 유튜브 영상, 온라인 TV 등 소비자가 이용하는 다양한 콘텐츠 채널에서 브랜딩 목적으로 제작, 노출시키는 (광고 외의) 콘텐츠를 말하는데요. 이런 맥락에서 병원이 광고 외에 병원브랜드를 효과적으로 인식시키고 나름의 마케팅 효과를 창출하기 위한 콘텐츠를 '병원브랜디드 콘텐츠'로 명명하겠습니다.

병원광고들의 경쟁이 심화되고 그에 따른 광고 피로도와 회피율도 높아지는 상황에서, 목표 소비자들이 필요한 진료 정보를 탐색하고 평가하는 행태가 증가하고 있습니다. 이러한 현실에 발 맞추어 병원들도 나름의 브랜디드 콘텐츠를 운영하고 있는 상황이죠.

병원브랜디드 콘텐츠 채널은 네이버 블로그, 페이스북이나 인스타그램, 유튜브, 카카오 채널 등이 대표적인데요. 병원들이 브랜디드 콘텐츠를 만드는 동기와 그 운영 행태는 대체로 광고와 유사해 보입니다. 광고의 대안으로 좀 더 적극적인 프로모션이나 병원브랜드 홍보 콘텐츠를 통한 신규 고객 모집의 수단으로 생각하는 경향이 큽니다. (여기에서는 페이스북이나 인스타그램에 집행하는 광고는 제외하고 말씀드립니다.)

그러나 각 채널별 콘텐츠 소비의 목적과 이용 행태에 차이가 있습니다. 병원은 이를 이해하여 채널별로 적합한 콘텐츠를 제작하고 효율적으로 운영하도록 노력해야 합니다.

아무리 비용이나 시간을 들여 병원브랜디드 콘텐츠를 만들었다고 해도, 일단 목표 소비자에게 '도달'되어야만 유의미한 반응을 얻을 기회가 생깁니다. 콘텐츠 간 경쟁도 치열해지고 있어서 업로드 했다고 쉽게 목표 소비자에게 도달되는 것도 아닙니다. 채널별 기본 로직을 이해하고 그에 맞게 운영해 나가야 합니다.

병원브랜디드 콘텐츠 자체는 의료 광고 심의 대상은 아니지만, 종종 콘텐츠에 대해 의료광고법 기준으로 제소가 될 수도 있으므로 이 점도 주의해야 합니다. (경쟁군 측에서 의료광고법 기준으로 행정당국에 신고하여 콘텐츠를 내리거나 수정하도록 통보받는 병원 사례도 있는 것으로 압니다.)

쉽지 않은 분야지만, 병원광고 이용 저하 현상과 병원브랜디드 콘텐츠를 통한 전환 가능성의 증대, 당장의 진료 구매를 목적으로 하지 않는 잠재 소비자까지 폭넓게 이루어지는 병원브랜딩 효과 등을 고려할 때 병원이 투자해야 할 브랜딩·마케팅 분야입니다. 각 콘텐츠의 매체 환경과 이용 행태, 경쟁 상황과 병원 운영 상황 등을 다각적으로 고려하여, 브랜딩과 마케팅 효과를 내는 브랜디드 콘텐츠를 개발하고 지속적으로 운영해갈 필요가 있습니다.

병원브랜디드 콘텐츠 채널 운영을 위한 바른 이해

블로그, 인스타그램, 페이스북, 유튜브, 카카오스토리 등 다양한 콘텐츠 채널을 두루 운영하는 병원에서부터, 블로그 하나만 운영하고 다른 툴은 엄두를 못 내거나 초기에 개설해 놓고 제대로 운영이 안 돼 방치하고 있는 병원들에 이르기까지 운영 상황은 저마다 다릅니다.

병원브랜딩과 마케팅 측면에서 이상적인 것은 다양한 브랜디드 콘텐츠 채널을 브랜딩 전략의 관점에서 지속적으로 운영하는 것입니다. 그러나 그렇게 할 수 있는 인프라를 갖춘 병원은 소수이고, 인력과 마케팅 예산이 적은 대부분의 병원에서는 선택과 집중을 통한 효율적 운영이 중요하겠습니다.

이중 병원브랜드 블로그는 (마케팅 편에서도 말씀드렸듯이) 필수적이라 할 수 있습니다. 병원 진료와 관련한 다양한 키워드별 검색에서 상위 노출이 되고 콘텐츠가 설득력을 갖추고 있다면 이를 통한 병원 유입 효과를 어느 정도 기대할 수 있기 때문입니다.

또한 텍스트보다 유튜브 영상을 애용하는 또 다른 목표 소비자들의 유입 경로 확보를 고려한다면 유튜브 채널 운영을 추가로 고려할 수 있습니다. 유튜브는 장년층까지 다양한 연령대의 이용률이 높고(2021년 4월 기준, 닐슨 코리안클릭 조사 결과 한국 SNS 순방문자 수 1위는 유튜브로 3,766만 명, 2위는 네이버 밴드로 1,965만 명, 3위는 인스타그램으로 1,885만 명, 4위는 페이스북으로 1,371만 명, 5위는 카카오스토리로 919만 명), 병원 의료진의 진료 설명 영상이 (소비자에게 어필할 수 있다면) 텍스트보다 주목도와 신뢰도 형성에 더 좋은 편입니다. 검색창이나 태그, 추천 알고리즘을 통해 우리 병원 영상으로 유입될 수 있고, 영상의 설득력이 좋다면 내원으로 연결될 수 있습니다.

인스타그램, 페이스북 같은 SNS 채널은 병원이 브랜드로 성장해가기 위해 필요한 브랜딩과 잠재 고객층 확보를 염두에 둔다면 운영을 검토하는 것이 좋습니다. 내원 연결은 블로그나 유튜브에 비해 낮습니다.

인스타그램의 경우 10~30대의 이용이 많고, 40대 이용도 증가하여 목표 소비자가 젊은층인 병원의 경우 고려해볼 수 있습니다. 페이스북은 홍보성 콘텐츠들이 많아지면서 인스타그램으로의 이동이 증가해 이용은 감소했지만, 전문직 사람들의 이용률은 높은 편입니다. 인스타그램 콘텐츠와의 연계도 가능해 효율적으로 운영할 수 있습니다.

마케팅 예산과 인력 운영이 적으면 블로그에 집중하면서 점차 다른 채널로 확대해가는 것이 바람직할 것입니다. 네이버 블로그는 경제성과 마케팅 효율성 면에서 가장 우수한 것 같습니다. 원장이나 직원이 직접 포스팅하는 경우도 늘 정도로, 내부에서 비교적 쉽게 운영할 수 있습니다.

무엇보다 중요한 것은, 진료를 고려하여 정보를 탐색하는 소비자에게 경쟁군보다 설득력 있고 병원 진료의 차별적 신뢰가 느껴지는 콘텐츠를 보게 해야 한다는 점입니다. 키워드 검색 화면에서 눈에 잘 띄도록 키워딩에 신경써야 하고, 클릭해서 콘텐츠를 조회했을 때 병원 상담 등의 전환으로 이어지도록 전략적인 콘텐츠를 개발해야 하는 것이죠. 이 부분이 만만치는 않을 것입니다.

블로그 포스팅을 성실하게 해왔고, 유저들이 포스트에 공감이나 댓글 반응을 할 만큼 콘텐츠 질이 좋다면 상위 노출과 전환의 가능성이 높아지게 됩니다. 그렇게 되도록 꾸준한 운영과 양질의 콘텐츠 개발이 중요합니다.

장년층까지 다양한 이용자들이 사용하는 유튜브에 병원브랜디드 채널을 개설하는 것 역시 내부에서 비교적 손쉽게 할 수 있습니다. 원장이 직접 영상 촬영을 하고 올리는 경우도 늘 정도로 병원 내부 운영이 가능합니다만, 좀 더 에너지를 들여야 합니다.

갈수록 콘텐츠 경쟁이 치열해 영상 기획력이 중요하고, 편집에도 공을 들여야 해서 장비와 테크닉도 필요합니다. 제작 여건 때문에 대행사 의뢰가 많고, 내부에서 진행하는 경우에도 인프라를 갖추어야 해 비용이 들게 되죠. 그러나 블로그와 마찬가지로 목표 소비자의 적극적 관심(댓글, 좋아요, 공유)을 받을 정도로 콘텐츠가 마음에 든다면 내원으로 연결됩니다.

역시 중요한 것은 목표 소비자의 검색에서 상위 노출과 클릭이 잘 일어나도록 검색 키워드가 반영된 제목, 게시글, 태그, 썸네일 이미지 등의 전략적 구성과 병원(의사)에 대한 차별적 신뢰를 느끼도록 하는 영상 콘텐츠의 전략적 개발입니다.

인스타그램이나 페이스북은 화제성 이미지나 영상을 즐기기 위해 이용하는 경우가 대부분이어서, 상대적으로 병원에 대한 적극적 검색은 잘 일어나지 않습니다. 우연히 피드에서 관심 가는 정보나 이미지가 보인다거나 팔로잉 하는 피드나 태그 클릭을 통해 콘텐츠를 발견하고, 마음에 들면 반응(댓글, 좋아요, 공유)하게 되는 경우가 대부분이죠.

이런 행태를 고려해 목표 소비자의 시선을 끌 수 있는 이미지나 1분 내의 짧은 영상 콘텐츠를 개발하는 것이 주효합니다. 물론 병원브랜딩 관점에서 말이죠. 게시물의 해시태그와 제목, 설명 글도 전략적으로 구성해야 하고요.

유튜브, 인스타그램, 페이스북은 팔로잉 한 채널에서 콘텐츠 업로드가 있을 때마다 팔로워들에게 알려줍니다. 지속적 확인이 가능하죠. 이러한 구독 콘텐츠들은 팔로워들이 지속적으로 보고 싶은 소재와 콘텐츠 질이 주효합니다. 물론 노출 및 조회 수 증가를 위해 블로그나 SNS에서 '서로 이웃 추가'나 '맞팔' 요청과 댓글 관리, 키워딩도 필요합니다만, 더 중요한 것은 목표 소비자의 반응을 이끌어낼 수 있는 콘텐츠를 개발해 적극적 조회가 일어나도록 하는 일입니다.

운영하는 인스타그램, 페이스북, 유튜브 등 브랜디드 콘텐츠 채널의 조회수가 많으면 네이버에서 병원 검색 시 함께 노출되어 시너지 효과를 일으킬 수 있습니다.

병원홈페이지에도 브랜디드 콘텐츠로의 이동을 유발할 수 있는 별도의 코너를 만들어 관심을 끌 콘텐츠의 썸네일 이미지와 링크를 적용함으로써 홈페이지 방문자의 콘텐츠 조회 수를 높일 수 있습니다. 이러한 시너지 효과로 각 브랜디드 콘텐츠의 조회 수가 오르고 선순환이 일어날 수 있죠.

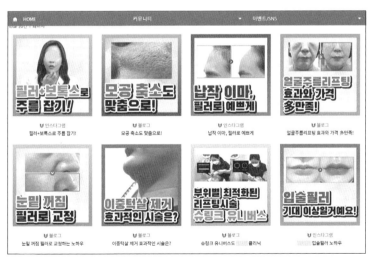

병원홈페이지 내 브랜디드 콘텐츠로 이동되도록 구성한 예(투비원)

이 모든 브랜디드 콘텐츠들은 공통적으로 단기간에 원하는 목표를 이루기는 어렵습니다. 콘텐츠와 관리의 전략적 노력과 피드백을 지속적으로 해야 합니다. 인내심을 갖고 성실하게 운영하면서 파워 콘텐츠가 될 수 있도록 노력해야 합니다. 그 도달점까지 운영하지 못하면 그간의 노력과 인력 투여는 헛수고가 될 뿐 아니라, 그 실패의 기억이 병원 성장을 위해 필요한 병원브랜딩의 적극적 의지마저 희석시킬 수 있습니다.

병원브랜디드 콘텐츠 개발을 위한 준비

병원브랜디드 콘텐츠 역시 병원브랜딩 및 통합 마케팅 전략과 무관할 수 없습니다. 우리 병원에 대한 차별적 신뢰와 브랜드로서의 이미지를 형성하기 위한 마케팅 커뮤니케이션의 영역이기 때문입니다. 브랜디드 콘텐츠 채널 디자인과 콘텐츠 개발에서도 이 점을 유념해야 합니다.

우리 병원의 브랜드 아이덴티티와 포지셔닝 전략의 콘셉트가 블로그나 SNS 등 브랜디드 콘텐츠 채널의 콘셉트를 소개하는 상단 배너, 프로필 소개 등에 반영되어야 합니다.

채널별 지속 발행되는 콘텐츠에서도 HI(Hospital Identity) 매뉴얼의 컬러, 로고, 심볼의 적용은 물론, 일관된 비주얼 아이덴티티를 유지하여 시각적으로도 병원브랜드를 효율적으로 인지하도록 하는 것이 좋습니다.

지속 발행되는 콘텐츠의 테마와 구성 방향 또한 브랜드 포지셔닝과 통합 마케팅 전략을 염두에 두어야 합니다. 가령 특정 진료에 대한 콘텐츠를 개발할 때, 우리 병원이 광고나 홈페이지 등에서 어필하는 가치와 콘셉트를 고려함으로써 다양한 소비자 접점에서 병원브랜드 포지셔닝의 인지 효과를 높여주는 것이 좋습니다.

이렇게 되려면 먼저 병원의 브랜드 포지셔닝과 통합 마케팅 전략, HI 매뉴얼(로고 응용 시스템)이 갖추어져 있어야겠죠. 병원이 브랜드로 성장하기 위해 필요한 브랜딩의 관점에서 브랜디드 콘텐츠 운영을 하는 것이 필요합니다.

브랜디드 콘텐츠 전략도 생각해야 합니다. 병원브랜디드 콘텐츠는 병원브랜드에 대한 이미지와 목표 소비자와의 관계 형성을 목적으로 하는 커뮤니케이션 툴이기 때문에, 즉흥적으로 잡다한 소재들을 콘텐츠화하여 업로드하는 것은 바람직하지 않으며 효과도 떨어집니다.

목표 소비자가 얼마나 다양한 콘텐츠를 쉽고 빠르게 접할 수 있는지를 안다면, 그런 가운데 우리 병원의 브랜드가 제공하는 콘텐츠에 어떤 차별적 가치를 느끼게 해서 들여다보게 할까를 고민해야겠죠. 더군다나 병원브랜드의 콘텐츠 페이지라는 것을 인식한 소비자가 기꺼이 우리 병원의 콘텐츠를 선택하게 되는 이유가 무엇일지 생각해보고, 나아가 콘텐츠의 호응과 공유를 통한 확산이 최대한 이루어질 수 있도록 소비자의 니즈를 반영한 브랜디드 콘텐츠를 개발해야만 합니다.

경쟁군의 브랜디드 콘텐츠들과도 경쟁해야 합니다. 소비자들이 경쟁군의 콘텐츠와 자연스레 비교하게 되는 상황에서 우리 병원 브랜디드 콘텐츠는 어떤 차별성과 우위성을 갖고 있는지도 고려할 필요가 있습니다.

기본적으로는 질환이나 진료 관련 정보를 찾고 싶은, 진료상품 구매 단계나 그 전 단계의 소비자들에게 우리 병원의 진료별 관련 콘텐츠가 전달되어 우리 병원을 주목할 수 있도록 관련된 정보들을 병원브랜디드 콘텐츠

병원브랜드 포지셔닝과 일관된 디자인 tone&manner가 구현된 병원브랜디드 콘텐츠
(인스타그램) 사례들

로 경쟁력 있게 구성해야 합니다.

이외에 지금은 진료 구매 의사가 없는 잠재적 소비자들까지 포함하여
병원브랜드에 대한 특별한 이미지를 형성하게 하는 콘텐츠 역시 브랜디드
콘텐츠의 중요한 부분입니다.

진료상품의 특별한 노하우를 보유한 의료진이 병원브랜딩에서 핵심 가
치 요소라면, 전략적으로 의료진의 캐릭터와 진료 노하우의 특별한 가치를
공감하게 하는 스토리텔링을 브랜디드 콘텐츠로 개발할 수도 있습니다.

또한 특별한 진료 환경, 의료진의 성심 어린 진료 장면, 고객을 배려하
는 다양한 직원들의 모습, 병원에서 고객과 함께하는 행사 진행 모습 등
우리 병원에 대해 특별한 인상과 신뢰를 느끼게 할 수 있는 사진이나 영

상을 포함한 콘텐츠를 통해, 보다 다양한 소비자의 주목을 받게 할 수 있습니다.

이처럼 브랜디드 콘텐츠를 전략적으로 개발하고 지속적으로 발행하기 위해서는 그에 대한 계획서를 사전에 작성할 필요가 있습니다. 병원브랜드 포지셔닝 전략 및 통합 마케팅과 연계된 브랜디드 콘텐츠의 미션, 목표 소비자의 매체 이용 행태 및 병원 내 운영 상황을 고려한 채널 선정, 매체별 속성과 로직에 따른 주요 가이드, 콘텐츠 테마 분류(가령 병원브랜드 스토리텔링, 의료진 스토리텔링, 진료상품별 정보, 병원브랜딩과 연계성 있는 생활 정보 등), 테마별 세부 주제 기획, 콘텐츠에 활용할 우리 병원 콘텐츠 및 이미지 관련 소스(또는 촬영 계획), 참조할 콘텐츠 소스 URL이나 정보, 매체별 콘텐츠 개발 및 퍼블리싱 일정, 콘텐츠 시안 기획, 업로드 후 고객 반응과 댓글 관리 상황, 효과 분석 등 기획에서 운영과 피드백에 이르기까지 기획서 폼과 스케줄 운영표 등을 작성하면, 효율적이고 생산적인 콘텐츠 운영과 브랜딩이 실현될 뿐 아니라 노하우가 축적되고 협업 파트너와의 공조도 효율적으로 이루어질 수 있습니다.

브랜디드 콘텐츠의 전략과 총괄 기획, 주요 콘텐츠 개발은 전문가에게 의뢰하면서 내부에서는 관련 자료 준비, 병원 내 스토리텔링이 될 이슈나 스몰 토크(주요한 주제 외에 가볍게 즐길거리의 콘텐츠로, 병원브랜드와 연계시키는 것이 주효합니다.) 관련 콘텐츠 개발 등의 협업 시스템이 필요할 수도 있습니다.

병원에서 브랜디드 콘텐츠를 운영하기 위해서는, 전문성을 갖추거나 갖추기 위한 학습을 받고 집중적으로 개발·관리하는 인력이 병원 내부에 있어야 합니다.

병원브랜디드 콘텐츠를 외부 대행사에 의뢰하지 않고 병원 내부에서 만들어 올린다고 해서 비용이 안 드는 것은 아닙니다. 인건비 외에도 콘텐츠 개발과 운영에 드는 시간의 기회비용, 노동의 대가 대비 브랜딩 효과 등 생산성을 따져볼 필요가 있습니다. 생산성과 효용성을 고려한 콘텐츠 개발과 운영의 방안을 찾아 시스템화하고 노하우를 쌓아가는 노력이 필요합니다.

계획적인 콘텐츠 개발과 함께 소비자 반응에 대한 피드백과 댓글 관리, 콘텐츠 사이트의 메뉴나 스킨 디자인 변경, 위젯 설치 등 주기적 보완, 정기적 운영 보고서 작성과 피드백 등 관리 역시 성실하게 이루어지는 것이 중요합니다.

이러한 일들을 병원 내에서 안정적으로 운영하기 위해서는 전담 인력을 꾸리는 것이 필요합니다. 외주 업체에 의존하고 보고만 받는 경우도 있는데, 전문가의 도움을 받더라도 관리와 운영은 가급적 병원 내에서 하는 것이 장기적으로 볼 때 더 낫습니다.

병원 원장들 중에는 직원의 블로그나 페이스북 관리를 가외 업무 정도로 생각하는 경향이 있습니다만, 이러한 브랜디드 콘텐츠들이 병원브랜딩과 마케팅에 중요한 포션을 차지하고 있고, 업무 수준이 전문성을 요하며 시간과 집중력을 필요로 하기 때문에, 전담 시스템 구축과 직원에 대한 배려가 있어야 합니다.

이렇게 해서 전략적이고 경쟁력 높은 병원브랜디드 콘텐츠를 지속적으로 제공하고 노출시킨다면 병원브랜드의 인지도와 홈페이지 유입률, 내원율 증대로 이어질 수 있습니다.

병원브랜디드 콘텐츠 개발 가이드

앞에서도 언급한 바 있듯이, 블로그처럼 정보성이 강한 텍스트 중심의 브랜디드 콘텐츠와, 인스타그램처럼 이미지 중심으로 소비되는 브랜디드 콘텐츠의 이용 행태와 목적이 다르므로 이를 고려하여 콘텐츠를 개발해야 합니다.

그러나 특성이 다른 콘텐츠 장르라 해도 공통점이 있습니다. 소비자도 병원이 마케팅 목적으로 제공하는 콘텐츠라는 것을 대부분 인지한 상태로 보고 있지만, 콘텐츠에는 진정성·유용성·신선도가 잘 느껴져야 합니다.

지루하고 식상한 의료 뉴스 수준이거나 병원 홍보 목적이 빤해서도 안 됩니다. 전후 사례 사진을 단순히 소개하는 것이나 홈페이지 정보 수준을 재가공한 수준이어서도 안 됩니다. 평이한 긴 서술이나 내용 전달이 안 되는 난해한 내용, 부실한 콘텐츠도 곤란합니다. 특정한 성향, 도덕적으로나 사회 보편적 가치관에서 오해의 소지가 있는 것 등 무리수를 두어서도 안 됩니다.

브랜디드 콘텐츠를 전략적으로 개발하려면 병원이나 진료상품과 관련해 목표 소비자가 관심을 가질 만한 이슈, 소비자의 니즈와 매칭되는 우리 병원 진료와 서비스의 가치 요소, 비교될 만한 경쟁군 콘텐츠 상황을 우선 파악하는 것이 필요합니다. 인터넷 검색만 열심이 해도 관련 자료나 단서들을 대략 파악할 수 있습니다.

새롭고 유용하게 느껴지는 브랜디드 콘텐츠를 지속적으로 발행하려면 평소에 다양한 소재와 관련 자료를 수집하는 것이 좋습니다. 우리 병원의 소식, 진료 가치 요소뿐 아니라 매칭할 만한 소비자의 관심사, 라이프 스타일, 고민, 생활환경 등에 대한 정보들도 수시로 수집합니다.

우리 병원과 유사한 목표 소비자를 대상으로 양질의 콘텐츠를 발행하는 (非병원 포함) 브랜디드 콘텐츠들을 벤치마킹하여 아이디어를 얻을 수도 있습니다.

이러한 소스들을 상시적으로 수집하고 정리해 놓으면 이를 통해 콘텐츠 테마와 구성을 기획하거나 테마별 자료로 활용하기가 용이합니다.

전략적인 브랜디드 콘텐츠를 개발하는 전문가라면 소비자의 정보 검색 상황, SNS 문화, 라이프 스타일뿐 아니라 콘텐츠를 수용하는 과정에서 느끼게 되는 감정과 심리 상태까지도 고려하려 노력합니다.

병원브랜딩을 염두에 두면서도 소비자가 즐길 만큼 감각적이고, 병원 브랜드의 콘텐츠로서 특히 유용성을 갖추어야 하고, 무엇보다 신선해야 합

병원브랜디드 콘텐츠(페이스북) 개발 사례(투비원)

니다. 이왕이면 감성적 울림도 있으면 공유 효과가 배가되지요.

이처럼 병원브랜디드 콘텐츠 개발은 전략과 테크닉 모두를 요하는 전문 분야입니다. 전략적인 글쓰기를 체험해본 분들은 공감하시겠지만, 쉽고 편하게 다가가는 글조차 일반인이 쓰기는 쉽지 않습니다. 전담 직원이 있다면 교육의 기회를 제공하고 지원해줄 필요가 있는 분야입니다.

콘텐츠 개발자는 기획과 제작에 대한 테크닉뿐 아니라 매체의 노출 로직도 이해해서 그 환경을 고려한 효율적인 개발을 할 수 있어야 합니다. 네이버, 구글, 메타(인스타그램과 페이스북 회사), 카카오 등 콘텐츠를 유통시키는 기업들이 콘텐츠 소비 활성화를 위해 콘텐츠 품질을 더 정교하게 관리하고 있으므로, 노출만을 목적으로 하는 꼼수보다 소비자 반향을 염두에 둔 전략적 개발에 힘써야 합니다.

사실 쉽지만은 않은 일인데요. 목표 소비자가 선호하는 (기업 포함) 브랜디드 콘텐츠들을 참조하고 분석해 보는 것도 병원브랜디드 콘텐츠의 구성이나 스타일링에 도움이 됩니다.

평소에 문체, 구성, 전개 방식, 타이틀 등에 대해 동종의 콘텐츠나 기사, 책, 영상, 방송 프로그램 등 다양한 자료들도 수시로 보세요. 분명 시간이 갈수록 콘텐츠 개발에 대한 능력과 노하우가 쌓이는 것이 느껴지실 것입니다. 포기만 하지 않으면요.

그래도 초반에 전략적인 콘텐츠 기획과 틀을 설계하고 주요 진료상품이나 병원브랜드에 대한 콘텐츠의 경쟁력을 높이려면 전문가와 협업하는 것도 방법입니다.

콘텐츠의 효과적 전달을 위해서는 시청각 자료 활용이 매우 중요합니다. 이러한 감각적 자료들은 자칫 지루할 수 있는 텍스트의 주목률을 높여주고 내용을 보다 쉽게 이해하게 하거나 더 강하게 느끼게 합니다. 더 오래 기억하게 하고 더 공유하고 싶어지게 만들기도 하죠.

병원 현장 사진, 특별해 보이는 관련 오브제, 텍스트를 효과적으로 이해시키는 인포그래픽, 콘텐츠의 자료 사진 등 시선을 잡으면서 콘텐츠를 주목시킬 수 있는 이미지를 적극 개발·활용하되, 저작권이나 콘텐츠 유통 매체의 가이드에서 무리가 되지 않아야 합니다.

지속적으로 발행되는 브랜디드 콘텐츠를 효율적으로 개발하고 운영하기 위해서는 OSMU(One Source Multi Use:하나의 콘텐츠 소스를 다양하게 재가공해 다양한 마케팅 콘텐츠로 활용하는 것)를 고려할 필요가 있습니다.

가령 홈페이지나 블로그의 진료 콘텐츠를 인스타그램, 페이스북, 카카오스토리 등 각 매체 폼에 맞게 재구성해 콘텐츠화하는 것을 고려해볼 수

병원 페이스북과 블로그에 OSMU 방식으로 콘텐츠를 개발한 사례(투비원)

리뉴얼, 병원브랜딩 마케팅 실무

있습니다. 혹은 콘텐츠 세부 내용이나 소스를 가공해서 카드뉴스 형태 같은 SNS 매체 폼에 맞게 개발할 수도 있는데요. 기존 콘텐츠를 기반으로 하기 때문에 새로운 콘텐츠 개발보다 시간과 노력이 절약됩니다.

반대로 SNS의 콘텐츠들을 하나의 테마로 재가공해 블로그 포스트로 활용할 수도 있습니다. (블로그처럼 네이버 로직에 따라 노출되는 콘텐츠에서는 SNS 콘텐츠의 이미지를 중복해서 사용하지 말고 재가공해서 적용하는 것이 좋습니다.)

병원브랜디드 영상을 개발해 유튜브, SNS, 블로그 등에 다양하게 재가공하여 활용할 수도 있습니다.

병원이나 진료상품에 대한 영상이라 하더라도 스피디하면서 재미있거나, 신선한 스토리텔링이 이루어지거나, 인포그래픽과 일러스트 등의 시각자료를 참신하게 활용해 정보를 효율적으로 전달하거나, 예방이나 홈케어를 위해 따라하기 쉬운 유용한 정보를 보여주는 식이 효과적이기 때문에 영상 스토리보드 기획부터 전략적으로 이루어져야 합니다.

병원브랜디드 콘텐츠별로 경쟁군 콘텐츠와의 변별력을 높이고 병원브랜드의 개성을 느끼게 하기 위해 디자인뿐 아니라 카피의 tone&manner도 일관되게 형성하는 것이 좋습니다. 블로그, 인스타그램이나 페이스북, 카카오스토리, 유튜브 등 각 콘텐츠별로 어투나 서술형 표현, 글의 분위기를 일관되게 형성하는 것인데요.

가령 블로그 포스트를 친근한 화법이나 신뢰감이 드는 의사의 멘트로 일관되게 작성한다든가, 영상의 내레이션을 늘 특정한 톤으로 구사해서 병원브랜드만의 개성과 분위기를 연출한다든가 하는 것이 예가 되겠습니다.

콘텐츠 등록 전에는 맞춤법·오자·탈자·띄어쓰기 등을 기본 체크하고,

글 흐름이 어색하지 않은지, 자료 삽입을 통해 내용 이해를 돕는 게 필요한지, 타이틀이나 리드 글을 좀 더 관심을 끌도록 수정할 필요가 있는지 체크하여 내용 수정을 고려할 수 있어야 합니다.

콘텐츠들은 병원브랜드의 인상과 신뢰를 형성하는 것이기도 해서, 오자나 맞춤법이 제대로 되어 있지 않으면 병원브랜드와 콘텐츠의 진정성과 신뢰성을 형성하는 데 방해가 됩니다.

잔소리를 더 해드린다면, 콘텐츠 댓글의 답글도 콘텐츠로 인식하여 신경써서 다는 것이 좋습니다. 또 '서로 이웃 추가'나 '맞팔' 신청 댓글도 보다 정성을 들이면 참여율이 높아질 수 있죠. 관심이 생기면 프로필 사진을 눌러 병원브랜디드 콘텐츠 채널에 들어올 수도 있습니다. 노출 지수 향상에 보다 도움이 됩니다.

브랜디드 블로그 콘텐츠 개발 가이드

블로그 포스트에서 중요한 것은 상위 노출과 전환(병원 검색, 홈페이지 방문, 상담, 내원 등의 액션으로 이어지는 것) 효과입니다.

콘텐츠와 검색어의 연관성, 꾸준히 포스팅하는 블로그 채널의 성실도, 블로거가 직접 작성한(듯하게 느껴지는) 콘텐츠의 진정성, 홈페이지나 다른 콘텐츠와 중복되지 않은 독보성, 소비자들의 방문 및 조회 수, 체류 시간, 좋아요·댓글·공유 등의 반응, 콘텐츠들의 경쟁도 등 다양한 여건 속에서 검색어별 포스트의 노출 순위가 결정됩니다. (의도적 노출을 시도하는 어뷰징이나 부적합 콘텐츠로 판단되면 비노출이나 저품질에 의한 하락이 될 수 있습니다.)

이러한 양질의 콘텐츠가 쌓이는 정도에 비례해서 블로그 자체의 상위 노출 지수가 높아집니다. 반대로 콘텐츠가 빈약하고 소비자 반응을 일으키지 못하면 블로그 상위 노출이 잘 안 되어 그만큼 마케팅 효과를 기대할 수 없게 됩니다. (이런 경우는 열심히 이웃 추가 하러 다녀봤자 블로그 지수를 올리기가 쉽지 않습니다. 네이버 로직이 그렇게 단순하지 않습니다.)

소비자가 반응하는 콘텐츠는 시간이 지날수록 더 앞으로 노출되거나 상위 노출 상태가 비교적 오래 유지됩니다. 이렇게 되려면 앞서 말씀드린 것처럼 전략적 콘텐츠 개발 노하우와 꾸준한 운영 노력이 필요합니다.

블로그는 그럴 가치가 충분히 있습니다. 마케팅 편에서도 언급했듯이, 콘텐츠가 거의 고정화된 병원홈페이지나 하나의 진료상품 아이템에 국한된 광고의 랜딩페이지만으로 병원브랜딩이 이루어지기는 역부족입니다. 노출 지수가 좋은 병원브랜드 블로그는 상시적으로 병원브랜딩 스토리와 진료 관련 정보를 (소비자가 관심을 갖도록 기획해서) 전할 수 있고, 때로는 광고 이상의 훌륭한 마케팅 기능도 수행합니다. (광고보다 진료 정보를 탐색하여 상담이나 내원하는 소비자들이 증가했습니다.)

병원브랜디드 블로그를 그렇게 키우려면 블로그 성장에 문제가 되는 요소들을 우선 지양해야 합니다. 고의적 노출 작업이나 출처가 의심되는 경우, 반복되는 콘텐츠 요소, 부적절한 이미지 등은 정교해진 네이버의 알고리즘에 의해서도 저품질로 낙인찍혀 지속적으로 노출이 어려워질 수 있으므로 주의해야 합니다.

블로그에서 상업적 목적이 두드러지는 포스트는 노출에도 문제가 되지만 목표 소비자의 관심을 유발하는 측면에서도 비추입니다. 노출 지수가 아직 낮을 때는 포스트의 제목과 내용 절반 가량에서 가급적 병원 이름을 명시하지 않고 알찬 정보로 구성하는 것이 좋습니다.

블로그 대행 업체 중에는 간혹 "처음 몇 달은 맛집 정보 같은 병원과 무관한 정보를 올리고 병원 진료 포스트는 지수가 어느 정도 올라간 후 시작해야 상위 노출에 더 유리하다"고 이야기는 경우가 있습니다만, 이는 네이버 블로그 로직과 콘텐츠에 대한 이해와 노하우가 부족하기 때문인 것으로 보입니다.

앞서 소개한, 병원브랜딩과 소비자의 관심도 제고라는 두 축을 만족시키면서 경쟁이 덜 치열한 세부 키워드나 틈새 키워드를 활용해 전략적인 콘텐츠 개발이 충분히 이루어진다면 굳이 병원브랜딩의 효과 없이 수개월을 보내지 않아도 됩니다.

블로그 포스팅에서 반영해야 하는 검색 키워드는 인플루언서나 파워블로거가 아니라면 경쟁이 치열한 인기 키워드(네이버 자동완성 창에 리스트업 되거나 연관 키워드에 포함될 정도로 검색량이 많은 키워드)를 고려하기보다 틈새 키워드들을 반영해 목표 소비자가 호응하는 콘텐츠를 꾸준히 개발하는 것이 노출 지수 향상에 도움이 됩니다.

실제로 병원 진료를 적극 고려하는 소비자는 대표 키워드보다 세부 키워드 검색을 통해 블로그 콘텐츠들을 열심히 비교 탐색하는 경향이 있어서, 콘텐츠 설득력이 높다면 이들의 반응으로 상위에 오르는 경우들도 있습니다. 내원 연결은 물론이고요. 그렇게 되기 위한 전략적 콘텐츠 개발이 중요합니다.

콘텐츠를 개발할 때는 검색 키워드에 담긴 소비자의 니즈를 고려해야 합니다. 진료, 질환, 지역 병원, 진료 후 증상이나 관리, 진료비용 등 다양

개원 후 빠르게 상위 노출(PC보다 좀 더 어려운 모바일에서도)이 이루어진 블로그 포스트 사례(투비원). 동일 포스트가 다양한 키워드 검색에서 상위 노출이 될 수 있었던 주 이유는 전략적 세부 키워드와 검색 니즈를 반영한 콘텐츠의 질입니다.

한 관심사안이 반영된 검색 키워드별로 그에 대한 정보가 충실히 전개되어야 합니다.

가령 특정 증세에 대해 키워드를 검색하는 소비자는 진료 구매나 병원 내원을 염두에 두기보다 나와 같은 증상이 어떤 질환인지, 원인이 무엇인지, 어떻게 해결할 수 있는지(좋다는 방법, 음식, 자세, 기구 등 비교적 경제적인 해결책), 조심해야 할 것은 무엇인지에 더 관심을 두는 편입니다. 따라서 이와 관련된 정보를 효율적으로 구성하면서 논리적으로 병원 진료의 필요성을 이해시키는 전개가 설득력을 높일 수 있습니다.

검색 키워드를 포스트 제목과 내용 일부에 반영해 상위 노출이 되었다 해도, 소비자가 얻고 싶은 정보가 부실하고 병원 홍보성 내용에 치중하는 낚시성 글 수준이라면 빠르게 이탈됩니다. 포스트에 대한 체류 시간과 반응이 노출 지수에 영향을 미친다는 사실을 유념하세요.

포스트의 첫 단락(리드 글)에서부터 소비자의 관심을 유발하고 끝까지 읽어 내려갈 수 있는 흡입력 있는 글과 이미지 등 콘텐츠 구성 역시 중요합니다. 블로그에 익숙한 소비자들은 글의 유용성을 빨리 판단하여, 이탈하든가 완독하고 나아가 병원 상담을 하게 됩니다.

애초에 블로그가 노출된 첫 검색 화면 상태에서부터 소비자의 니즈를 자극하는('내가 찾는 정보가 여기 있네! 확인해야지.' 하는 생각이 들게 하는) 타이틀과 일부 노출되는 텍스트, 썸네일 이미지로 블로그 포스트를 클릭하고 싶도록 만들어야 합니다. 소비자가 많은 정보 중에서 군이 이 정보에 시간을 들여 볼 것인가 말 것인가를 판단하는 단서가 되기 때문에 노출되는 콘텐츠 세부 영역별로도 신경을 써야 합니다. 상위 노출이 되었지만 익숙한 내용 같다거나 빤해 보인다면 지나치게 되고, 그러면 블로그의 목적인 브랜딩과 마케팅 효과는 이루어지지 못합니다.

블로그 포스트 콘텐츠를 개발할 때 내용과 관련한 이미지나 동영상을 적절히 적용하고, 해당 제목에서 유의미한 키워드를 반영하면 네이버의 이미지나 동영상 단에서 노출될 수도 있습니다.

이를 통해 블로그 유입과 병원브랜딩의 효과를 창출할 수 있는 만큼 경쟁력 있는 병원 관련 사진이나 이미지, 1분 이내의 동영상 콘텐츠, 그리고 검색 가능성 있는 키워드 반영이 중요합니다.

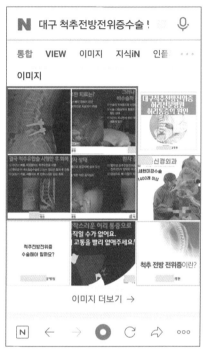

모바일 검색 화면 최상단이 동영상이나 이미지 단인 경우에 블로그 포스트의 동영상과
이미지가 각 상위 노출된 사례(투비원)

이미지와 영상 중심의 브랜디드 콘텐츠 개발 가이드

인스타그램이나 페이스북, 카카오스토리처럼 이미지나 짧은 영상을 소
비하는 SNS에서 병원브랜디드 콘텐츠로, 카드뉴스 형태의 진료 정보나 짧
은 영상, 사례 위주로 구성된 이미지, 병원 내부 풍경이나 진료 관련 사진
들을 피드에 구현하는 경우가 많습니다.

그런데 워낙 콘텐츠들이 많다 보니 블로그와 마찬가지로 검색을 통한 상위 노출이 중요해지고 있습니다. 인스타그램의 경우 해시태그 검색어를 입력했을 때 노출되는 '인기 게시물' 단에서 상위 노출되는 것이 병원브랜디드 채널 활성화에 도움이 됩니다.

물론 '맞팔' 활동을 통해 팔로워를 늘리고 이들이 방문해서 '좋아요' 누르기나 댓글 달기를 해주어도 활성화가 됩니다. (음성적으로 최적화된 계정을 사고 팔거나 작업을 통해 상위 노출과 활성화를 해주는 경우도 있지만, 여기서는 취급하지 않겠습니다.)

이러한 방문자의 액션이 많이 유발되어 검색 해시태그 별로 '인기 게시물'에서 상위 노출되고, 그로 인해 방문자가 느끼는 선순환을 일으키려면 병원브랜디드 콘텐츠가 공감되고 유용하게 느껴져야 합니다.

대부분 병원의 브랜디드 콘텐츠 채널인 것을 알고 보게 되기 때문에, 병원 목표 소비자의 니즈와 정보 수준을 고려하면서도 이미지 콘텐츠 소비 성향을 함께 반영해서 콘텐츠를 개발해야 합니다.

피드의 콘텐츠를 통해 관련 진료 정보를 얻거나 병원의 진정성, 신뢰성, 작은 감동, 때로는 재미가 느껴질 수 있다면 호응을 얻을 수 있고, 그만큼 노출 및 전환의 선순환과 병원브랜딩

인스타그램의 해시태그 검색어에 대한
인기 게시물의 상위 노출 화면 예시

리뉴얼, 병원브랜딩 마케팅 실무

효과가 형성될 수 있습니다.

가령 코 성형 전후 사례를 올려놓고 성형외과를 홍보하는 수준의 콘텐츠보다, 코 성형에 만족하는 고객들의 얼굴과 코의 비율을 수술 전과 비교 조사한 결과를 토대로 얼굴마다 만족스러운 코의 비율에 대해 소개한 콘텐츠가 코 성형에 당장 관심 없는 소비자에게도 관심을 끌 수 있고, 병원의 코 성형 전문성을 어필해줄 수 있는 브랜디드 콘텐츠 방향에 더 가깝습니다. 이처럼 소비자가 좋아할 콘텐츠 소스와 우리 병원의 브랜딩을 연결시켜서 새로운 콘텐츠를 개발해야 합니다.

블로그처럼 적극적으로 진료 정보를 검색하는 소비자에게 노출되는 콘텐츠가 아니라, 관계를 맺고 지속적으로 구독하게 되는 SNS의 브랜디드 콘텐츠 특성을 염두에 둔 콘텐츠 개발이 이루어져야 합니다. 팔로워를 늘려가는 것만으로는 충분한 효과를 기대할 수 없고, 구독 알림이 왔을 때 기꺼이 우리 병원의 브랜디드 콘텐츠를 보러 올 마음이 생길 정도로 콘텐츠의 경쟁력과 개성이 꾸준히 공감되어야 합니다.

콘텐츠의 기획 단계에서부터 이러한 병원브랜디드 콘텐츠 구독자의 호응을 이끌어낼 수 있는 요소들과 병원브랜딩 효과를 함께 염두에 두어야 합니다.

SNS 채널에서도 점차 병원들의 경쟁이 치열해져서 목표 소비자에게 변별력을 높이고 호응을 이끌어내는 일이 쉽지는 않은데요. 이런 현실에서 병원브랜디드 콘텐츠의 신선도, 목표 소비자 니즈와의 매칭, 주위 콘텐츠와의 변별력, 스마트폰 환경에서의 편의성과 가독성 등을 고려해서 반향을 일으킬 콘텐츠 개발에 힘써야 합니다.

홈페이지나 블로그 등 다른 곳에서도 볼 수 있는 사례 사진이나 홍보성 내용보다 특별한 인상을 남길 수 있는 스토리텔링과 관련 이미지가 주효합니다.

콘텐츠 테마는 몇 가지 장르로 구분해서 순차적으로 발행할 수도 있습니다. 가령 병원브랜드 스토리텔링, 진료 정보, 병원 내 풍경 등으로 카테고리를 나누고, 순차적으로 카테고리별 콘텐츠를 개발해 업로드하는 식으로 좀 더 다양성을 추구하여 운영하면 구독과 병원브랜딩에 더 효과적일 수 있습니다.

각 카테고리별로 코너의 제목을 구분하여 표시할 수도 있습니다. 코너별 디자인 폼을 개발해 일관된 폼

진료에 대한 스토리텔링 콘텐츠를 개발해 인스타그램 해시태그 검색 화면 인기 게시물 단에 상위 노출된 병원브랜디드 콘텐츠 사례(투비원)

을 유지함으로써 시각적으로도 어떤 병원의 어떤 테마 콘텐츠라는 구분이 되도록 하면, 구독자에게 효율적으로 인지되고 브랜디드 콘텐츠로서의 인상을 받게 됩니다.

다양한 콘텐츠라도 우리 병원의 브랜드 아이덴티티가 일관되게 느껴지도록 해서 브랜딩 효과를 흩뜨리지 말아야 합니다.

만약 한 테마의 콘텐츠를 여러 이미지 뷰의 연속 게재 형태로 올리는 슬라이드 구성이라면, 썸네일 이미지(연속형 게시물의 첫 페이지)에서 시선을 끌어 슬라이드를 넘겨보도록 카피라이팅과 이미지, 디자인에 신경써야

한 테마의 연속 슬라이드 뷰(썸네일 이미지와 내지들)로 개발한 병원브랜디드 콘텐츠 사례들(투비원)

합니다. 이어지는 슬라이드 뷰들도 일관된 병원브랜드 아이덴티티와 비주얼 아이덴티티를 갖추는 것이 좋습니다.

인스타그램, 페이스북, 카카오스토리 등에서 목표 소비자의 관심을 받을 수 있는 이미지 콘텐츠 개발을 위해 감각적으로 촬영된 병원 관련 사진, 짧은 영상, 일러스트, 눈에 띄는 디자인, 감각적인 카피 등 크리에이티브가 주효합니다.

가장 주의할 점은, 콘텐츠의 진정성을 느끼지 못하고 마케팅 목적용으로만 인식돼 패싱되지 않도록 해야 한다는 것입니다. SNS에서 '광고 아닌 광고 같은' 콘텐츠는 특히 거부감이 크다는 점을 유의하세요. 소비자 반향을 이끌어내지 못할 뿐 아니라 병원브랜딩에 위해危害가 될 수 있습니다.

이미지 외에 설명 글도 중요합니다. 텍스트 단에서 해시태그만 거의 나열된 경우들도 있는데, 이는 비추입니다. 길지 않지만 특별한 인상, 진정성, 공감, 흥미를 느낄 수 있도록 작성해보세요.

인스타그램의 경우에는 검색 기능의 해시태그 설정도 중요한데요. 콘텐츠와 관련해서 조회 수 높은 키워드를 파악해 해시태그로 추가하든가, 텍스트 내용 중 검색어가 될 만한 단어 앞에 해시태그를 붙여줍니다. 너무 많은 해시태그 나열은 그 자체로 마케팅 욕심을 드러내기 때문에 콘텐츠에 대해 좋은 인상을 줄 수 없습니다. 이 역시 전략적으로!

영상은 유튜브는 물론 그외의 SNS나 블로그 등에 짧게 편집해 활용함으로써 마케팅 효과를 일으킬 수 있는 만큼, 콘텐츠 전략과 크리에이티브에 신경을 써서 개발해보는 것이 좋습니다.

병원브랜디드 콘텐츠로서 영상 개발의 전략과 기획의 큰 방향은 SNS 이미지 콘텐츠와 대동소이大同小異합니다. 경쟁군의 영상 콘텐츠들이 검색어별로 많아진 상황에서 참신하고, 유용하고, 진정성이 느껴지고, 직관적으로 이해되는 것이 주효합니다.

유튜브 채널의 영상 콘텐츠는 병원브랜딩과 구독 콘텐츠로서의 효용성을 고려한 기획과 흡입력 있는 편집에 신경써야 합니다.

여기에 진행자(대개 의사)의 캐릭터도 소비자들에게 주목되는 부분입니다. 잘 이해시키고 주목하게 하는 설명 능력 외에도 말투, 태도, 인상, 진정성과 신뢰성 정도가 느껴지게 되는데, 이러한 요소들이 시청률에 영향을 줄 수 있습니다.

병원브랜디드 영상 콘텐츠는 진행하는 개인에 의존하는 것보다 콘텐츠 기획과 편집에 의해 전략적으로 개발하는 것이 더 중요합니다.

우리 병원의 진료와 관련한 테마와 시놉시스를 기획하고, 그에 따른 스토리보드를 만들고, 소재와 자료를 선정해서 리허설을 거쳐 촬영을 하고, 이후 편집과 자막 구성을 하여 최종본을 업로드하게 되는데요. (업체마다 진행의 차이는 있습니다.) 이 과정 하나하나가 전략적으로 진행되어야만 병원브랜딩과 마케팅 효과가 높은 영상 콘텐츠가 만들어지게 됩니다.

물론 첫 클릭을 유도할 썸네일 이미지, 제목, 설명 글도 전략적으로 기획·제작할 필요가 있지만, 더 중요한 것은 병원 목표 소비자의 니즈와 잘 매칭되어 공감을 불러일으키는 영상 콘텐츠입니다. 유용하게 느껴지는 콘텐츠는 조회는 물론 공유에 의한 확산도 잘 되고, 목표 소비자의 내원과 연결될 가능성도 높아집니다.

병원 의료진이 질환과 진료 정보를 설명하는 방식이 많은데, 구독자를 늘리고 지속적 관심을 받아서 검색어별로 상위 노출이 되려면 병원 소비자들의 니즈를 고려한 다양한 콘텐츠를 꾸준히 개발해야 합니다. 보다 경제적으로, 보다 안전하게 확실한 효과를 거두고 싶은 병원 소비자에게 어필

유튜브의 키워드 검색 화면에 다양한 주제별 영상이 노출된 병원브랜디드 콘텐츠 사례

될 만한 이슈들을 고민해야 합니다.

이슈가 될 만한 영상 콘텐츠를 기획하기 어렵다면 진료 정보를 세부 주제별로 쪼개어 현장감 있게 보여주거나, 보다 디테일한 정보를 제공하거나, 환자군의 질문에 대해 상세히 답변하거나, 경쟁군의 콘텐츠에서 새로운 이슈를 뽑아내는 등 기존 재료에서 새로운 콘텐츠를 만들 수도 있습니다.

영상 콘텐츠의 이해와 집중을 위한 장치들도 필요합니다. 정보의 설명 중 관련 자료 화면(진료에 대해 구체적으로 이해시키는 그래픽 이미지이나 사례 사진, 진료 장면 영상 등)의 적절한 배치, 내용 이해를 돕는 가독성 좋은 자막, 내용이 전환될 때 띄우는 소주제 텍스트 화면 등을 잘 구성해 보세요.

영상 업로드 후 댓글에 대한 관리와 답글 달기도 중요합니다. 지속적인 채널 방문이나 내원을 유발할 수 있고, 무엇보다 영상을 진행한 의료진과 병원브랜드에 대한 호감을 형성할 수 있습니다.

PART 7

내원 고객 마케팅
전략적으로 하기

MOT 가이드

　대외적인 마케팅을 열심히 해도 병원 내부에서 병원브랜드에 대한 신뢰와 기대한 가치 부분이 충족되지 못하면 고객은 이탈합니다. 이렇게 되면 병원이 투자한 마케팅 비용은 목표를 이루지 못한 매몰비용이 되어버리죠.

　또 진료를 마쳤어도 결과나 병원에서의 체험에 대해 부정적 느낌을 갖게 된다면 악성 여론이 형성될 수 있습니다. 해당 병원 검색에서 쉽게 노출되는 악성 체험담에 의해 역시 마케팅 효과는 사장됩니다. 오히려 광고를 할수록 부정적 체험담으로의 집중을 증폭시키기도 합니다.

　병원이 성장하기 위해서는 대외적인 마케팅만 신경써서는 안 된다는 얘기입니다. 내원 고객이 우리 병원 브랜드에 대해 느끼고 경험하는 과정에서 자연스러운 신뢰와 호감을 형성하려면 그에 대한 MOT 전략이 필요합니다.

　Moment Of Truth, '진실의 순간'이라는 의미의 MOT는, 고객이 병원 브랜드에 대해 다양하게 경험하게 되는 접점에서 신뢰와 기대에 대한 만족감을 형성하게 하는 병원의 대내적 브랜딩 행위를 의미합니다. 환자의 마음을 이해하고 친절히 대하라는 일반적 CS 교육과는 다릅니다.

보다 구체적으로 말하자면, 병원브랜딩에서 MOT는 고객이 내원 전 상담, 내원 후 접수, 대기, 상담, 진료 과정, 종료 시 의료진과의 경험 등 다양한 접점별로 병원브랜딩의 목적에 맞게 병원브랜드를 체험하고 느끼고 인식하게 만드는 전략적 행위이고, 전직원의 미션이며, 내부 고객 관계 형성을 위한 시스템이라 할 수 있습니다.

대면 관계가 중요한 진료상품을 운영하는 병원에서 MOT는 특히 중시해야 하는 브랜딩의 한 분야입니다. 무의식적으로는 죽음의 공포와 맞닿아 있는 진료를 행하는 병원에 대해, 소비자들이 제품을 고르는 매장과 동일하게 느낄 리 없습니다. 그들이 더 까다롭고, 더 경계하고, 더 의심하게 되는 것은 당연합니다. 병원에서는 이런 점을 염두에 두어야 합니다.

그러나 마케팅 성과와 병원브랜드의 성장을 위해 매우 중요한 MOT에 대해 많은 병원들이 잘 모르고 있습니다. 고객의 병원브랜드에 대한 인식은 결코 병원광고나 홈페이지처럼 경험 전 탐색한 정보로만 형성되지 않습니다. 첫 내원부터 진료 과정이 모두 끝나기까지의 짧지 않은 시간 동안 다양한 접점에서 병원 경험을 통해 일어난다는 것을 많은 병원들은 방기하고 있습니다.

간혹 내원 고객의 상담과 데스크 안내 등 일부 매뉴얼만 갖추고 있는 경우도 많은데요. 원장이나 직원이 생각하지 못하는 다양한 체험 접점에서 병원브랜드의 평가와 감정 형성, 인지가 이루어지고 있기 때문에 이러한 고객 접점별로 전략적 관리가 이루어져야 합니다.

봉직의의 태도 차이나 직원의 이직 등에 의해 병원브랜드 체험 접점에서 질적 차이가 생기지 않게 하는 시스템과 매뉴얼을 공고히 할 필요도 있습니다.

병원브랜드로서의 차별적 신뢰 형성과 특별한 이미지 형성을 위한 노력은 대외적 마케팅부터 내부 체험의 MOT에 이르기까지 일관되게 이루어져야 합니다.

고객 접점별 MOT 개발하기

광고, 블로그, SNS, 홈페이지 등 마케팅 콘텐츠를 보고 상담 문의를 하는 고객에게 답글을 다는 것, 전화로 안내를 하는 것과 같이 내원 전 단계 고객과의 커뮤니케이션 접점이 첫 번째 MOT 실행의 단계라고 볼 수 있습니다. 내원을 결심하는 동기를 부여하는 단계이지요.

형식적이고 의례적인 답변처럼 특별한 인상을 남기기 어려운 답글이 아니라, 우리 병원 브랜드에 대해 특별한 가치를 적절히 전하거나 내원하고 싶을 만큼 배려해주는 인상을 받을 수 있는 답글, 안내 태도와 어조 등에 대한 기본적인 매뉴얼을 고민할 필요가 있습니다. 구체적인 문의 내용 및 니즈, 태도가 다른 고객들의 유형별로 각각 적절한 응대 매뉴얼을 정리해보고 공유하는 것이 필요할 수 있습니다.

다른 서비스 업계의 벤치마킹이나 관련 정보 수집, 내부 직원들의 고객과의 경험에 대한 공유와 아이데이션 등을 통해 우리 병원의 인포메이션 MOT를 정리해보세요.

내원 고객의 대기 상황 역시 주요한 접점으로, MOT를 전략적으로 실행할 필요가 있습니다. 대기를 하는 동안 둘러보게 되는 병원에 대한 다양

병원 내부에서 개발한
고객 응대 매뉴얼의 한 예

한 모습과 분위기, 직원들의 태도, 대기실의 홍보 자료들, 대기 시간 정도, 대기 시간의 응대 또는 방치 등의 다양한 경험들이 병원에 대한 인상을 만들거나 평가를 하게 합니다.

대기실을 찾아 앉는 순간부터 주위를 의식하는 사람들이 많습니다. 만약 주위 고객이 이 병원에 대해 이야기를 하거나 직원에게 궁금한 사안을 묻고 직원이 그에 대해 어떤 태도를 취하면 그것을 감지합니다. 낯선 병원에 나의 신체를 맡기러 온 사람의 기본적인 마음 상태죠. 주위에 순간 예민해지고 경계하게 되는 것은.

그런데 직원들이 주어진 일에만 열중하거나 심지어 잡담을 하다가 원장이 진료실에서 콜사인을 줄 때나 환자를 호명할 뿐이라면, 심지어 지루한 대기 시간을 참다가 짜증이 날 정도인데 방치되고 있는 느낌이라면, 병원브랜드를 체험하는 접점의 MOT로서는 불합격입니다.

239

내원 고객 곁에 다가와 체크하는 직원 응대 매뉴얼을 갖춘 병원, 직원들이 환자 상태를
체험하는 역할극을 통해 배려하는 노력을 기울이는 병원의 모습들

어떤 병원의 직원들은 고객이 한 명이라도 있으면 필요한 업무 이야기
도 작은 목소리로 합니다. 직원이 대기하는 고객에게 찾아와 필요한 체크
와 안내를 진행함으로써 오래 대기하고 있다는 불만을 나름 줄이고, 다른
고객에게도 고객 응대에 대해 좋은 인상을 남기는 경우도 있습니다. 진료
차례가 된 고객에게도 직접 곁에 와서 안내하고, 필요하면 고객의 짐을 보
관하는 등 고객의 상황을 살피고 민첩하게 대응하기도 합니다.

이처럼 진료 전 좋은 응대를 받았다고 생각한 고객은 진료 후 병원에
대한 긍정적 체험담을 공유할 가능성이 커집니다. 진료를 받기 전의 대기
상황은 고객이 자각하지 못하더라도 불안과 경계심을 안고 있는 상태이며,
자신의 내원 결정에 대한 확신을 느끼고 싶어 하는 단계입니다. 그러한 고
객 심리에 응대할 수 있는 MOT가 진료 후의 만족도를 배가시키고, 자발적
인 입소문을 내는 최초의 동기를 유발할 수 있습니다.

의료진의 진료 상담이나 상담 직원의 비용 안내 및 부가적 상담 단계에
서 이탈과 불만 여론의 씨앗이 생길 수 있어 이 접점에서의 MOT 역시 전

략적으로 마련해야 합니다. 대외적 마케팅 전환 성과는 괜찮은데 진료상품에 대한 구매 결정률이 낮다면 이유의 다수는 이 상담 문제에 있습니다.

고객의 니즈와 성향, 대화의 태도, 신경쓰는 점 등을 고려해 개개인마다 효율적이고 만족스러운 상담이 될 수 있도록 전략적인 MOT를 마련하고 실현해 나가야 합니다.

가령 고객은 내원 전 인터넷 검색을 통해 특정 시술을 고려하고 왔는데 그와 달리 더 부담이 높은 수술을 권하는 인상을 받는다든가, 시술의 부작용에 대한 정보를 보고 그에 대한 우려의 마음으로 문의를 하는데 의사의 설명은 미비한 채 스태프의 상담으로 넘겨버리는 모습을 보인다든가, 검사 결과에 대해 충분한 설명이 이루어진 것 같지 않은데 특정 시술을 권한다든가, 상담실장이 패키지 상품의 가격 메리트만 어필하거나 추가 시술을 권한다면, 오해와 불만이 형성되면서 이탈할 가능성이 높아질 뿐 아니라 '장사하는', '좋지 않은' 병원으로 (인터넷에서도) 소문나기 십상입니다.

고객이 왜 꼭 그 치료를 받아야 하는지, 치료에 대해 비용이나 시간의 부담을 느낀다면 그 치료를 받았을 때와 받지 않았을 때, 다른 대안을 선택했을 때 어떤 차이가 있는지를 설명하거나, 좀 더 효율적으로 진행할 수 있는 방법을 제안하여 진료 동의를 할 수 있도록 사전에 상담 MOT를 전략적으로 개발하고 안정적으로 실현해 나갈 필요가 있습니다.

부작용을 묻는 고객에게 대충 얼버무리거나 고객의 마음을 존중하지 않는 듯한 태도를 보이지 말고, 가능성 있는 부작용에 대해 안내하고 그에 대해 우리 병원이 어떤 합리적 예방책이나 관리 시스템을 가지고 있으며, 그간의 진료 사례에서 그에 대해 어떤 결과들이 있었는지를 구체적인 자료를 통해 설명하는 것이 신뢰감과 설득력을 높일 수 있습니다.

의료진의 충분한 설명과 직관적으로 이해되는 자료 활용으로 진료 동의율과 병원브랜드
에 대한 호감도를 높이는 전략적 상담 MOT가 중요합니다.

상담에서는 불안과 의심, 선입견, 선지식이 작용하는 고객의 심리 상태
를 고려해야 합니다. 고객의 니즈와 질문의 요지를 정확히 파악하고, 전해
야 할 정보를 진정성과 설득력 있게 전하고 소통하는 쌍방향 커뮤니케이션
이 바로 상담입니다. 진료상품의 구매 결정과 병원브랜드에 대한 인식에
큰 영향력을 발휘하는 만큼, 고객의 입장을 존중하면서 그 니즈와 심리를
이해하고 대응하는 의료진의 상담 태도와 관련 콘텐츠 개발이 중요합니다.

진료가 진행되는 과정에서 고객을 배려하는 MOT도 병원브랜딩에 주
효합니다. 진료 과정에서 불가피한 불편과 고통을 주게 되는 상황이 예견
된다면, 사전에 경감시킬 수 있는 시스템이나 심리적 안정을 위한 조치를
취하도록 준비해두는 것이 좋습니다.

가령 사랑니 발치를 하기 전 인형을 안겨주는 치과, 국소마취로 척추

시술을 하는 동안 직원이 환자 손을 잡아주는 병원처럼, 시술의 공포를 낮춰줌으로써 의료진은 효율적이고 안정적으로 진료를 할 수 있고, 환자는 이렇게 배려해주는 병원을 특별하게 인식하게 됩니다.

공포스러운 과정이 아니어도 낯선 시술 과정마다 진행 전에 사용하는 재료나 기구에 대한 효능과 진행 방법, 느낌 등을 안내하는 MOT를 통해 고객 스스로 진료를 받을 마음의 준비를 하도록 하는 것 역시 진료 효율성과 브랜딩 측면에서 필요합니다.

이러한 작은 배려가 이루어지지 못하면 예민한 고객이 진료 중 고통을 호소하거나 불만을 이야기할 수 있어 대기실의 다른 고객들에게도 영향을 미칠 수 있습니다. 공포나 불만이 확산될 수 있는 것이죠. 이처럼 반응하는 환자에게 의사가 감정적으로 대하거나 엄하게 꾸짖는 태도는 정말 지양해야 합니다.

진료를 마친 고객에게 후관리나 주의사항에 대해 꼼꼼히 설명하고 잊어버리지 않도록 자료를 배포하는, 귀가 전 접점의 MOT 역시 신경 써야 합니다. 제대로 숙지가 안 되면 병원이 제대로 안내를 안했다고 불만을 터뜨릴 수 있으므로, 사전에 이런 불상사를 예방하는 MOT에 대해서도 준비하는 것이 좋습니다.

고객이 내원하기까지, 내원해

병원 의료진과 직원의 태도에 대한 후기는 흔히 볼 수 있습니다.

서 진료 상담을 받기 전까지, 상담 후 진료상품 구매를(진료 받기) 결정하기까지, 진료 과정에서, 진료를 마친 후 귀가 전까지, 주요 고객 접점별 병원 브랜드의 차별적 가치와 신뢰를 공감시키기 위한 MOT를 설계해보세요.

병원브랜딩은 이러한 다양한 고객 접점의 MOT를 통해 비로소 공감되고 완성된다는 것을 염두에 두고, 전략적인 MOT 운영을 전 직원이 실행해야 합니다.

고객 관계 관리의 MOT

병원은 주로 신규 고객 영입과 그들의 진료 구매를 위해 노력하지만, 진료가 종료된 고객을 통한 2차 구매, 입소문이나 소개를 유발할 수 있는 고객 관계 관리의 MOT에 대해서는 상대적으로 소홀한 경우가 많습니다.

병원 진료상품에 대한 경쟁이 치열한 가운데 소비자의 병원마케팅에 대한 경계심이 높아지면서 병원 경험자들의 후기가 신규 소비자를 이끄는 상황은 지속될 것입니다. 따라서 병원의 진료 체험을 한 고객의 인식에서 우리 병원의 브랜드 로열티가 제대로 형성되도록 하는 MOT 역시 중요해지고 있습니다.

고객이 진료 후 그간의 체험과 결과에 대한 만족감을 주관적으로 느끼게 하는 것보다 '구체적으로 인식'하게 함으로써 온라인 커뮤니티, 본인이 운영하는 블로그나 SNS, 주위에도 그에 대한 이야기를 명료하게 전할 수 있도록 하는 것이 브랜딩과 마케팅에서도 주효합니다.

가령 시술에 대해 '큰 불편 없이 받았고 결과도 나쁘지 않은 것 같다'고

주관적으로 느낄 수 있는 고객에게, 진료 종료 시점이나 후기 및 사례 사진 DB를 받는 과정에서 '결과가 왜 더 좋은지, 고객 개인의 어떤 점을 고려한 시술이었는지' 같은 특별한 가치와 노하우를 인식시키는 MOT를 운영한다면 병원브랜드의 로열티는 그만큼 공고해질 것입니다.

경쟁이 치열할수록 병원이 친절하게 대하고 진료를 잘 해주어도 그 정도로는 주위 소개와 재구매율이 높아지기 어려울 수 있습니다. 고객이 병원 체험을 통해 구체적인 가치를 인식하고 브랜드 로열티를 형성하지 않는 한, 비슷하게 잘하는 것 같은 경쟁 병원들과 비교하여 보다 유리한 조건에 따라 선택을 바꿀 수도 있습니다.

치과·내과·피부과 진료처럼 단골 고객이 형성되기 쉽거나 진료 프로토콜과 질환 특성상 주기적 검진이나 재진료가 필요한 경우에는, 1차 치료 종료 고객을 세부적으로 분류하여 고객별 필요한 시점의 재내원을 고려하도록 전략적인 CRM(Customer Relationship Management:고객 관계 관리. 고객 개인별 데이터에 기반한 맞춤형 마케팅 및 내원 유도 관리)을 운영할 필요가 있습니다.

이러한 고객별 맞춤형 관리는 우선 각 고객별로 진행한 진료, 종료 시기, 회복 시기와 회복기의 반응 및 특성, 치료 과정에서의 특이사항 등 유의미한 고객 관련 특징과 사항들을 파악하고 기록하는 DB 구축이 필요합니다. 그에 따라 고객별로 적합한 안내 멘트와 필요한 진료 정보를 적절하게 제시할 수 있어야 합니다. 일반적 CRM 프로그램에 의존해 기계적으로 획일적인 문자를 일괄 발송하는 것만으로는 고객의 마음을 잡기 어렵습니다.

감성적으로 우리 병원에 대한 브랜드 로열티를 강화하고 마음속 특별한 병원이 되도록 하는 고객 관계 관리에 대해서도 관심을 가져보세요.

한 산부인과는 10주년 개원기념일을 맞아 10년간 본원에서 출산한 부부와 가족을 초대해 10년 스토리의 영상을 함께 관람하고 파티를 즐기는 행사를 열었습니다. 한 척추·관절병원은 정기적으로 입원 환자들을 배려하는 다양한 서비스를 직원들이 기획해 제공합니다. 한 재활병원은 재활치료 후 환자의 사회 복귀를 돕는 다양한 활동과 커뮤니티를 통해 사회적 가치도 공감시키고 있습니다.

이처럼 진료 외에 특별한 배려와 가치를 제공하는 병원을 고객은 잊지 않을 것입니다. 자발적 바이럴 효과와 브랜드 로열티 강화를 통해 브랜드로 성장해가는 기반이 마련됩니다.

기존 고객 관계 관리가 병원브랜드의 성장과 매출 증대에 영향을 미치

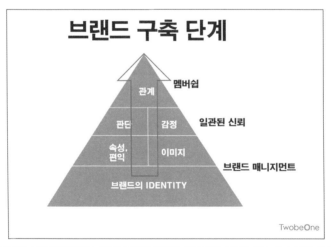

병원브랜드 아이덴티티에 기반해 브랜딩 활동을 지속하면, 병원브랜드의 속성에 대한 인식과 이미지가 형성되면서 브랜드에 대한 판단과 감정이 이루어지게 됩니다. 이러한 병원브랜드의 일관된 신뢰가 지속되면 궁극적으로 특별한 관계(멤버십)가 형성됩니다. 피라미드 정점에 해당될 만큼 브랜드 성장에서 최종적으로 지향해야 하는 로열티 형성의 단계이나, 그만큼 이루기가 쉽지 않음을 도식적으로 보여줍니다.(병원브랜딩 강의 자료 중)

병원 직원들이 기획하고 운영하는 입원 고객 관계 관리 MOT 사례

는 만큼 이와 관련한 MOT 개발을 고려할 필요가 있습니다.

고객 관계 관리의 운영 전략을 짜고 MOT의 세부 기획과 실천, 피드백을 수행하는 주체는 병원 전 직원으로, 이를 위한 협업과 동기 부여가 필요합니다. 이 과정에서 직원들 사이에도 병원브랜드에 대한 신뢰와 애정이 향상됩니다.

MOT는 쌍방향입니다. MOT의 실행 결과에 대한 고객의 반응과 그들의 생각을 파악하고 피드백해서 보완하고 업그레이드할 필요가 있습니다.

또한 '내부 고객'이라 일컫는 직원들에게도 MOT 실행에 대한 자신들의 생각을 공유하여 보람과 자긍심을 느끼게 하며, 때로는 독려와 적절한 코칭을 할 필요가 있습니다.

MOT의 전략적 기획과 실현을 위한 조직문화

MOT는 병원브랜딩과 마케팅의 기본 사항이지만, 단순히 직원에게 업무를 명령하듯이 해서 이루어지는 것은 아닙니다. 기계적이고 형식적인 실행은 고객에게도 티가 나고, MOT를 통해 얻고자 하는 고객 만족과 병원브랜드에 대한 차별적 가치의 공감이 효과적으로 이루어지지 못합니다.

MOT는 병원브랜딩 전략에 의해 설계되고 병원 조직문화에 의해 양성되어 지속적으로 업그레이드 되어야 하는 것입니다.

이 책의 앞부분에서 병원브랜딩 전략과 통합 마케팅을 이야기하면서 MOT를 언급했던 것 기억하시죠. 친절 서비스와 달리, MOT는 병원브랜드가 지향해야 하는 브랜딩을 바탕으로 병원마다 적합한 기획을 해야 합니다. 우리가 어떤 병원브랜드로서 이미지와 차별적 가치를 가시화해야 하는지 브랜딩의 미션을 구성원 모두 공유하고, 주요 접점별로 이를 반영한 구체적인 기획이 이루어져야 합니다.

가령 우리 병원이 의료진의 차별적 시술 노하우를 핵심 가치로 부각시켜야 하는 브랜딩 미션이 있다면, 이에 대한 구체적 자료가 고객 동선에 효과적으로 노출되어야 하고, 상담에서 고객의 니즈와 매칭해서 공감할 수 있는 어필을 해야 하고, 진료 과정별로 이를 자연스럽게 가시화하는 등 브랜딩 방향에서 병원의 MOT를 개발해야 합니다.

경영진 및 의료진은 병원 내부 고객인 직원들에게 주요 진료에 대한 정보와 우리 병원의 경쟁력, 차별적 가치를 상시 공유해야 합니다. 고객 접점별 MOT, 고객 관계 관리, 내원 고객 마케팅 등 브랜딩과 관련한 협의와 소통 역시 상호 존중 하에 상시적으로 이루어질 필요가 있습니다.

직원 누구라도 어떤 접점에서도 언제라도, 주요 접점별로 설계된 MOT를 일관된 질로 실행하려면 직원들에게 MOT의 내용에 대한 공유뿐 아니라 실행의 이유와 기대 효과, 동기도 공유되어야 합니다.

무엇보다 MOT의 근본 자질인 타인에 대한 존중, 배려, 협동심, 예절, 프로페셔널리티 등을 병원 조직문화에서 양성해야 합니다.

병원 고객이 '나 이런 건 좀 불편한데, 이렇게 좀 해주면 좋겠는데…'라고 말하지 않아도(다수는 그렇게 침묵합니다.) 예측하여 먼저 살피고, 배려하고, 실천하는 것이 몸에 배어 있는 직원들이 병원브랜딩의 주체인 것입니다.

병원광고와 마케팅 콘텐츠만으로 병원 매출 성장을 기대하는 것은 우매한 생각입니다. 내부의 브랜딩, MOT가 제대로 되어 있지 않으면 고객은 구매 결정을 잘 하지 않거나 예약을 취소하고, 진료 후 불만을 제기할 가능성이 커집니다. 결국 마케팅 투자 비용은 매몰되고, 병원브랜드에 대한 악성 여론이 생기기 쉬우며, 누군가 작은 불만을 이야기하면 금세 동조 세력이 불어나게 됩니다.

병원브랜드에 대한 고객의 호감도를 높이고 로열티를 강화해 나가는 것이 병원 성장에 주효합니다. 이 받침이 되는 것이 MOT라는 것을 염두에 두고, 대외 마케팅에서처럼 활성화를 위한 조직문화와 관련 교육에 대해 기꺼이 투자해야 합니다.

간혹 권위적인 의료진들은 직원보다 더 MOT 실행에서 취약한 면을 보이곤 하는데요. 가령 의사의 진료 상담 경쟁력과 소통 능력이 떨어지는데도, 의사라서 그에 대해 이야기하지 못하거나 봉직의라서 주체로 바라보지 않는 경우들도 있죠.

그러나 그가 어떤 사람이든 의사는 병원브랜딩의 핵심 인물입니다. 고객에게는 이 병원을 좋은 병원으로 인식하게 되느냐 아니냐의 기준이 되기도 합니다. 그런 만큼 의사의 다양한 고객별 태도와 대응 능력, 상담과 소통에 대한 경쟁력을 육성하는 것 역시 브랜딩과 MOT 측면에서 빠뜨려서는 안 됩니다.

MOT 측면에서 의사의 진료 상담에 대한 모니터링과 환자 유형별 매뉴얼에 대한 아이데이션을 함께 진행할 필요가 있습니다. 의사 스스로도 권위적이고 소통에 소극적인 태도를 버리고 브랜딩 주체로서의 변화와 협동심, 상호 존중, 전인적 치료관을 생각할 필요가 있습니다.

또한 진료 상담의 부족한 시간이나 의사 개인별로 상담에 취약한 점을 보완하기 위한 방법을 모색할 필요도 있습니다. 환자가 진료나 질환에 대해 보다 쉽게 이해할 수 있도록 관련 자료들을 사전에 준비해 활용하거나 환자 배포용 정보지를 제작해 제공할 수도 있습니다. 스태프와의 효율적 공조 방식으로 상담의 일부를 분담하게 할 수도 있습니다. 단, 핵심 진료의 가치와 신뢰성이 흔들리지 않는 선에서 말이지요.

MOT를 기획하기 위해서는 원장의 의견에 치우치기보다 그간 병원 내 접점별 고객과의 경험과 관련 데이터를 충분히 반영할 필요가 있습니다. 고객과의 부정적 경험들이나 진료 상담의 전환 실패 경험도 스스럼 없이 구체적으로 공유해서, 이를 바탕으로 합리적 대안을 모색하도록 병원 내 소통문화가 자유로울 필요도 있습니다.

직원이 원장의 눈치를 보는 수준에서는 제대로 대안을 모색하기 어렵습니다. 실패는 누구나 할 수 있고, 그것을 통해 배워 나가면 된다는 마인드가 병원 내에 자리잡아야 합니다. MOT를 잘하는 병원들은 직원들의 자율적 동기 부여가 상시적으로 활성화되는 조직문화를 갖고 있습니다.

내원 고객 대상 전략적 마케팅

통합 마케팅에서도 역설했듯이, 광고·블로그·SNS 등 대외적인 마케팅을 통해 우리 병원과 진료에 대해 관심을 가진 고객이 내원했을 때, 병원에 대한 신뢰를 강화하고 진료 구매 결정에 기여하는 원내 마케팅을 전략적으로 진행하는 것이 주효합니다.

그러나 아직도 병원 복도나 엘리베이터 입구부터 즐비한 스탠드 배너 형태의 진료상품 광고, 병원 입구의 의료진 경력 현판, 대기실 테이블에 놓인 사례 사진과 후기 모음 파일 노트, 장비 회사나 학회에서 동일하게 만들어 병원들에게 제공하는 리플릿 등 내원 고객의 눈길을 받기 어려운 홍보물들이 비치되어 있는 것을 쉽게 볼 수 있습니다.

광고와 마케팅 콘텐츠 각 챕터에서도 강조했듯이 목표 소비자의 눈길과 마음을 잡을 수 있도록 콘텐츠가 전략적이면서 효율적으로 개발되어야 한다는 점은 원내 고객 마케팅 콘텐츠에서도 적용되어야 합니다.

간혹 병원브랜드 이미지 형성이 어려울 정도로 콘텐츠가 미비한 경우들도 있습니다만, 병원 인테리어와 로고 정도로 신뢰성과 차별적 이미지를 형성하기는 어렵습니다.

특정 진료를 고려하고 내원한 고객이 '이 병원에서 잘하고 있나' 탐색을 시도할 때(내부 광고나 의료진 경력 등을 둘러볼 때) 그와 관련해 신뢰를 줄 수 있는 콘텐츠가 잘 보이지 않거나 연관성이 거의 없는 다른 시술을 어필하고 있는 분위기가 느껴진다면 의심을 가질 수밖에 없습니다. 그런 상태로 진료 상담을 받고 별다른 만족감이 없으면, 이탈하면서 '마케팅에 낚였다'는 푸념을 인터넷 카페에 할 수도 있죠.

병원에 대한 차별적 인식을 형성하고, 진행하는 마케팅의 전환 성과를 거두기 원한다면 내원 고객 마케팅 역시 소홀히 할 수 없습니다. 병원브랜딩 전략과 통합 마케팅 전략을 전제로 시행되어야 합니다.

내원 고객에게 전달되어야 하는 우리 병원의 브랜드 아이덴티티, 포지셔닝, 주요 진료상품, 가치적 요소들과 관련한 콘텐츠들을 기획해보세요.

이와 함께 고객 동선(상담과 진료 과정의 주요 접점)에서의 환경을 고려할 때 효과적으로 전달될 수 있는 마케팅 구역과 마케팅 툴을 선정합니다. 어떤 접점에서는 어떤 매체를 활용해 어떤 콘텐츠를 노출시킬지를 기획하는 것이죠.

그리고 각 마케팅 툴의 속성과 콘텐츠의 전달력을 고려해 크리에이티브를 개발합니다.

제작, 게첨 또는 비치한 원내의 마케팅 콘텐츠에 대해 내원 고객들의 행태를 관찰하고, 때로는 유의미한 고객 의견들을 수집해 피드백하고 보완·추가·교체하며 관리해 나가야 합니다.

원내 광고 개발 가이드

원내 벽면이나 설치물을 이용해 내원 고객의 눈에 띌 만한 곳에 병원브랜딩을 위한 내부 광고나 포스터를 부착할 수 있습니다. 병원 입구부터 대기실에 이르는 주요 접점에는 특히 병원브랜드 아이덴테티와 포지셔닝 전략을 고려한 브랜드 광고를 고려할 필요가 있습니다.

간판을 보고 온 인근 주민이든, 병원마케팅 콘텐츠를 보고 찾아온 고객이든, 특정 진료를 염두에 두고 내원하는 고객들에게 첫 이미지에서 우리병원이 어떤 콘셉트의 병원인지 인지되는 것이 브랜딩과 마케팅 측면에서 주효합니다.

병원브랜드 콘셉트와 포지셔닝 전략, 통합 마케팅 전략을 반영한 원내 브랜드 광고 개발 사례들(투비원)

병원 센터, 클리닉, 세부 진료를 함께 어필한 원내 광고 개발 사례들(투비원)

이러한 광고를 통해 왜곡될 수 있는 병원브랜드 포지셔닝의 균형을 잡고, 고객이 고려한 특정 진료 외에 가치적 요소를 추가로 인식해 기대감과 추가 이용 가능성도 높일 수 있도록 전략적으로 개발해보세요.

개원 당시 인테리어 업체에서 출입문에 진료 과목과 시간 등을 문자 디자인으로 구성해 놓은 것은 실제 고객의 눈길을 잡기는 어렵습니다. 그것은 고지성 정보일 뿐 병원브랜드의 차별적 이미지를 형성하는 콘텐츠로 볼 수 없습니다.

우리 병원의 차별적 가치를 어필하고 브랜드 로열티를 공감시킬 전략적 카피와 이미지를 활용한 광고 크리에이티브가 내원 고객에게 병원브랜드에 대한 인식을 형성시켜줄 수 있습니다.

병원이 운영하는 진료가 많고 규모가 비교적 큰 경우에는, 가급적 주요 진료를 한눈에 인식할 수 있도록 진료상품 광고를 기획하는 것도 주효합니다. 내원 고객은 자신의 관심사안 위주로 병원의 정보를 인지하기 쉬워서 자칫 특정 진료 중심 병원으로 왜곡할 수 있습니다. 그런 인식이 인터넷 커뮤니티의 병원 정보 공유를 통해 확산될 수 있고요. 이는 앞서 브랜드 포지셔닝과 통합 마케팅 각 챕터에서도 강조했듯이 병원의 브랜딩에 악영향을 줄 수 있습니다. 이를 방지하기 위한 진료상품 광고를 전략적으로 개발해보세요.

내원 고객이 자신의 병원 선택에 대해 확신을 갖고자 확인하는 정보 중 대표적인 것이 의료진에 대한 것일 텐데요. 의료진 소개 포스터도 경력 나열 위주의 평이한 스타일보다 경쟁력과 가치적인 어필의 크리에이티브가 주효합니다.

의료진 신뢰성을 어필한 포스터
개발 사례들(투비원)

의사가 여럿이면 공통적으로 적용되는 병원브랜드 아이덴티티나 포지셔닝 콘셉트와 매칭한 헤드라인 하에 각 의사들의 핵심 가치 요소 또는 경쟁력을 카피라이팅 해볼 수 있습니다.

봉직의를 제외하고 대표 원장 위주로 소개하는 것은 병원브랜딩과 마케팅 면에서 바람직하지 않습니다. 고객이 진료받는 의사의 신뢰성이 곧 병원의 신뢰성이 되는 만큼 필요에 따라 의료진 포스터를 교체하게 되더라도 전략적으로 개발할 필요가 있습니다.

의사의 진료 신뢰성와 진정성을 어필하는 방향에서 사진 등 비주얼 요소와 헤드라인, 어필할 주요 경력 사항 등 콘텐츠를 기획해보세요.

이벤트, 프로모션 행사, 새로운 장비의 도입, 의료진 영입, 병원의 수상이나 인증 등 특별한 홍보와 시의적 마케팅이 필요한 경우에도 전략적 광고를 통해 내원 고객에게 효율적으로 인지되도록 기획해야 합니다.

이중 병원 홍보성 정보를 알릴 때 대체로 사실 위주로 간결하게 전달하는 광고물을 설치하는 데 머무는 경향이 있습니다만, 그보다는 고객이 관심을 가질 만한 이익과 매칭하여 메시지를 잡는 것이 좋습니다. 가령 특정 의료인이나 장비가 우리 병원에 들어오면서 고객에게는 어떤 진료적 가치를 제공할 수 있는지, 그에 착안하여 헤드라인을 잡는 것이 보다 관심을 갖게 할 수 있죠.

진료 이벤트나 프로모션 행사를 안내할 때도 전달력을 높일 수 있는 디자인은 물론, 고객 입장에서 관심을 가질 가치적 부분을 어필하는 헤드라인을 개발하는 것이 효과를 높일 수 있습니다.

이러한 원내 광고물 역시 많은 내용을 담아 가독성과 전달력을 떨어뜨리지 말고, 자세한 안내와 상담은 데스크에 문의하게 하거나 상세한 내용을 담은 리플릿을 제공하는 등 인지 효율성을 높일 필요가 있습니다.

병원의 진료 공간별로 브랜딩 효과를 낼 수 있는 광고를 기획해볼 수도 있습니다. 가령 검사실의 좋은 시설과 신뢰성을 어필하는 광고를 검사실 입구 잘 보이는 곳에 부착할 수 있습니다. 시술실로 가는 복도 벽면에 시술의 가치나 우리 병원의 경쟁력을 어필하는 광고를 노출할 수도 있습니다. 상담실의 고객 시선이 머물 만한 위치에 진료의 신뢰성을 높일 광고를 게첨할 수도 있습니다.

이처럼 고객이 이용하는 진료 공간과 시설에서 자연스럽게 인지된 광고를 통해 병원에 대한 신뢰도와 브랜드 로열티가 제고될 가능성이 커집니다. 상담에서 전환율을 좀 더 올릴 수도 있습니다.

특히 블로그나 SNS를 운영하는 고객이라면 병원 상담, 진료, 의료진에 대해 만족감을 느낄 때 이런 광고물을 자신의 콘텐츠로 공유해주기도 합니다. 우리 병원이 콘텐츠를 잘 갖추어놓으면 바이럴 효과를 만들 수도 있는 것이죠.

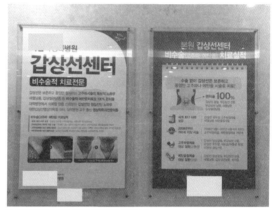

병원들의 진료실, 검사실 인근 벽면에 관련 브랜드 광고를 개발한 사례(투비원)

이외에도 병원의 '내부 고객'인 직원들의 자긍심과 프로페셔널리티를 독려하고 병원브랜드의 신뢰도를 높이는 효과를 낼 수 있는 직원 직무 홍보 포스터를 생각할 수 있습니다. 가령 환자를 케어하기 위해 성심을 다하는 간호사, 치위생사, 물리치료사들에 대한 감성적인 내부 광고가 치료실이나 간호사 데스크 뒤에 부착될 수도 있겠죠. 직원들을 주인공으로 해서 병원브랜딩을 전달하는 광고나 그들의 활동에 대해 알리는 포스터를 전략적으로 개발하면 병원브랜딩 효과도 창출할 수 있습니다.

병원브랜딩을 위한 원내 광고물을 부착하거나 설치할 때 그 형태나 사이즈에 따라서도 브랜드 신뢰도와 콘텐츠 전달 효과의 차이가 있는 만큼 가급적 협소해 보이지 않게 제작하는 것이 좋습니다.

내부 광고물 게첨 공간이 협소하다면 창의적인 공간이나 인테리어 요소를 활용하는 것을 고려해보세요. 병원 진료실의 햇볕이나 공간을 가리기 위해 사용되는 블라인드, 엘리베이터 문, 특정 진료 공간 유리벽, 창과 창 사이 기둥벽, 화장실 내 LCD 보드, 병원 내 카페의 주문 데스크 앞면, 주차장 차고지 문 등 다양한 고객 접점에 병원브랜딩을 위한 전략적인 광고를

직원 직무를 소재로 한 브랜드 광고를 개발해 병원 내부에 적용한 사례(투비원)

리뉴얼, 병원브랜딩 마케팅 실무

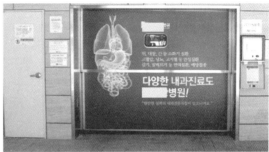

블라인드, 주차장 차고지 문을 매체로 이용한 병원브랜드 광고 사례들(투비원)

개발해온 경험으로 볼 때 효과가 있습니다.

TV 모니터나 영상 매체를 설치하고 화면을 통해 병원 홍보용 콘텐츠를 노출시키는 경우도 흔해졌는데, 이때 고려할 점은 대체로 순간에 노출되는 특성에 의해 충분한 전달 효과를 기대하기 어려울 수도 있다는 것입니다. 대부분의 내원 고객이 화면을 오래 바라봐주지 않기 때문이죠.

내원 고객에게 노출 효과가 있는 곳곳에 눈길을 사로잡는 브랜드광고의 전략적 메시지와 크리에이티브를 고민할수록 병원브랜딩 효과는 높아질 것입니다.

개원 시 인테리어 공사가 들어가기 전에 병원브랜딩 전략과 HI 매뉴얼이 개발되어, 인테리어 요소별 적용이 제대로 이루어지고 광고물이 부착될 장소와 재질 등을 먼저 고려하는 것이 좋습니다.

광고 편에서도 강조했듯이 여백을 살려 가독성을 높이는 절제된 크리에이티브도 신경 써야 하는데요. 다양한 진료상품들에 대한 광고처럼 동일 카테고리로 묶일 수 있는 테마의 광고를 할 때는, 광고 크리에이티브에서 일관된 톤 앤 매너와 비주얼 아이덴티티를 구현해 통일감 있는 일련의 포

일관된 디자인 톤 앤 매너를 구현하고 그루핑 하여 전달력을 높인 진료상품 포스터 사례
(투비원)

스터 형태로 제작하고 모아서(그루핑) 노출시키면 주목률이 더 높아질 수 있습니다.

병원 내부의 모든 광고와 제작물, 병원 곳곳을 안내하는 사인물들은 브랜딩 관점에서 HI 매뉴얼을 엄격히 적용함으로써 브랜드 고유의 이미지 형성을 통한 차별적 신뢰를 제고하도록 합니다.

진료 구매율을 높이는 내원 고객 마케팅

내원 고객이 시술이나 수술, 또는 검진 등 비교적 고가인데다 시간과 나름의 불편을 감수해야 하는 고관여 진료상품에 대해 상담을 하는 단계가 진료 구매 여부를 가르는 분기점이 될 수 있습니다. 통합 마케팅과 MOT 부분에서도 언급했던 것처럼, 이때의 경험이 인터넷 카페에서 흔히 공유되어 병원에 대한 평가와 여론을 형성하기도 합니다.

이렇게 중요한 단계를 상담실장이나 담당 직원의 업무로만 치부하고 개인에게 맡겨놓는 것은 병원브랜딩 측면에서도 바람직하지 않습니다. 상황에 따라 태도가 달라질 수 있고, 영업(?) 실적을 고려해 고객이 느끼기에 호객 행위로 보이는 언사를 내보일 수도 있고, 꼭 문제가 되는 것은 아니더라도 설득력이 미흡하거나 매너리즘적으로 처리할 수도 있습니다.

이직이나 요청으로 상담 담당 직원이 변경될 수도 있죠. 진료 상담을 했던 봉직의가 어느 날 이직하면서 다른 의사가 고객을 진료해야 하는 상황도 흔히 발생합니다.

또는 의사의 진료 상담이 충분하지 않다고 느낀 고객이 그에 대한 불만을 병원 내부뿐 아니라 인터넷 커뮤니티에서 밝히는 경우도 흔하죠.

이처럼 불안정적인 진료 상담이나 비용 상담의 단계를 개인에게만 맡기기보다 시스템에 의해 안정화하고 전환 성과를 낼 수 있도록 전략적으로 운영할 필요가 있습니다. 그 한 가지 방법이 자료를 만들어 활용하는 것입니다.

고객이 특정 질환이나 상태에 대해 진단을 받고 특정 진료를 제안받았으나, 의사의 말만 듣고 그에 대해 충분히 수용하기 어려워 진료 구매를 하지 않는 경우들이 발생한다면, 보다 신뢰성을 높일 수 있는 자료를 마련해 상담을 보완하는 시스템을 구축할 필요가 있습니다.

가령 검사 결과, 그에 따라 필요한 진료(시술) 방법, 그에 대한 장점과 한계점, 결론적으로 환자에게 적합한 진료 제안 등 진료 상담에서 충분히 전달되어야 하는 진료 정보들을 사전에 작은 책자나 리플릿 형태로 제작하여 상담 시 의사와 상담 직원이 순차적으로 보여주면서 설명하도록 할 수 있습니다.

병원 상담 시 활용하고 고객에게 제공하여 진료 구매율을 높이고 바이럴 효과를 낸 맞춤형 병원 고객 상담 노트 개발 사례(투비원)

진료 프로토콜과 환자(질환) 유형 등에 근거해 상담에서 설명하게 되는 내용을 사전에 마련하고, 진료 고객마다 상담하면서 필요한 사항을 자료에 체크하거나 간단히 메모하여 이해도와 설득력을 높이는 방법입니다.

상담 후에는 고객에게 제공해 집에서도 상담 내용을 회상할 수 있게 하여, 그만큼 의료진의 진단과 상담의 신뢰도와 만족도를 직관적으로 공감시킨다면 진료 동의율이 개선될 수 있습니다.

이렇게까지 고민하면서 굳이 비용을 들여 상담 자료를 만들어야 할까 싶지만, 그만한 필요성과 가치가 있습니다. 사람의 뇌는, 아시겠지만 감각적 노출이 많이 될수록 기억을 잘합니다. 단순히 듣기만 해서는 기억을 하기 어렵고, 눈으로 보고 들으면 그만큼 이해도 더 용이하죠. (고객은 병원 문을 나서는 순간 들었던 내용 다수는 잊어버리게 됩니다. 본인이 관심을 가진 부분 위주로 기억하기도 쉽죠.) 의료 쇼핑을 하는 고객들에게도 우리 병원에 대한 특별한 신뢰와 인상을 오래 남길 수 있죠.

특정 진료상품으로 내원한 고객에게 연계된 새로운 진료상품 정보에 대해 알리는 것이 2차 구매와 병원브랜드의 신뢰도 제고를 위해 필요할 수 있습니다.

예를 들어, 검진센터를 운영하는 병원에서 진료와 연계된 검사 프로그램을 상담 시 제안하면서 그에 대한 정보를 콤팩트하게 구성한 리플릿을 제공할 수 있습니다. 모발 이식 수술 고객에게 이후 진행될 수 있는 탈모 억제를 위한 케어 프로그램을 소개한 리플릿을 함께 제공할 수 있고요.

이처럼 관심이 있어서 상담을 받고 있는 진료와 연계성이 높은 추가 진료 정보 자료(리플릿 같은)를 사전에 기획, 제작해 활용함으로써 진료의 체계적 운영에 대한 홍보와 2차 구매 효과를 유발할 수 있습니다.

산부인과를 탐색하는 임산부나 입원하여 재활치료를 받는 환자와 보호자처럼 일정기간 병원 내에서 치료와 다양한 케어를 받아야 하는 고객들에게 관련 병원 치료와 입원 생활에 대한 미리 보기용 영상을 제작해 상담에 활용할 수도 있습니다.

이때도 병원브랜딩 전략적 관점의 영상 기획과 퀄리티에 신경 쓴 촬영과 편집이 주효합니다. 영상 콘텐츠를 통해 차별적 신뢰가 형성된다면 진료 동의율은 그만큼 상승하게 됩니다.

출산과 산후조리 시설과 진료 시스템을 브랜디드 영상 콘텐츠로 제작
해 임신부 상담에서 활용한 사례(투비원)

내원 고객 마케팅 툴 중 중요한 또 한 가지는 비보험 진료의 비용 상담 자료입니다.

고객들은 비보험 시술인 경우 가격 네고를 하려는 경향이 있는데요. 그렇다고 쉽게 고객 요청을 들어주는 것은 브랜딩 차원에서도 바람직하지 않습니다. 진료비용을 가변적으로 운영하는 것은 당장 고객을 유치하는 데는 도움이 될지 모르나, 진료의 가치와 병원브랜드에 대한 신뢰성이 의심받을 수도 있고 고객 간의 차이로 인해 불만이 형성되기도 합니다.

진료비의 네고는 고객이 이해할 수 있는 수준과 합리적인 명분을 전제로 공식화할 필요가 있습니다. 가령 체험담을 제공하는 조건으로 일정액의 할인을 받는 식의 give&take, 어려운 상황의 고객 대상으로 병원이 지원하는 형태, 의미 있는 특별 행사에 맞춰 한시적으로 진행되는 이벤트에서 한정적으로 할인을 적용하는 식, 병원 매출 기여도가 큰 고객 대상 등일 수 있습니다.

이런 병원 시술비용 정책과 네고의 요건을 어필하는 비용 상담 자료를 사전에 제작하여 상담 시 보여주면서 진행하면, 고객의 네고 밀당에 난감해하는 일이 줄어들고 병원브랜드의 신뢰성도 보다 높아질 수 있습니다.

실제로 클라이언트 병원들에게 진료비용 상담북을 기획, 제공해 현장

진료 가치를 구체화하여 합리적 진료비용을 공식적으로 제시한 비용 상담북 개발 사례 (투비원)

에 적용해보니, 가격 네고가 현저히 줄고 고객들의 동의율도 개선되었다는 평가를 받은 바 있습니다.

형태나 내용 구성은 병원마다 다를 수 있겠지만, 공식적 진료비용과 함께 포함되어 있는 가치를 진정성 있게 보여줌으로써 진료비용 상담에서의 이탈률을 낮추고, 병원브랜드와 진료비 정책에 대한 신뢰를 형성할 수 있는 진료비용 자료를 기획해볼 필요가 있어 보입니다.

비보험 진료비용은 경쟁 관계와 운영 상황, 외부 변수에 의해 변동될 수 있는 만큼 수정을 고려해 효율적으로 제작하는 것이 좋습니다.

이상에서 알 수 있듯이 관행적인 응대보다 내원 고객의 행태를 관찰하고 소통하면서 고객의 마음에 다가가는 병원브랜딩 차원의 MOT와 마케팅을 꾸준히 개발, 실현하는 것이 중요합니다.

리뉴얼, 병원브랜딩 마케팅 실무

1쇄 발행 2022년 11월 15일

지은이 정혜연

펴낸이 김제구
펴낸곳 리즈앤북
편집디자인 DESIGN MARE
인쇄·제본 한영문화사

출판등록 제2002-000447호
주소 04029 서울시 마포구 잔다리로 77 대창빌딩 402호
전화 02-332-4037 팩스 02-332-4031
이메일 ries0730@naver.com

값은 뒤표지에 있습니다.
ISBN 979-11-90741-28-6 (13320)